NAPOLEON HILL

Tu MENTALIDAD de MILLONARIO

NAPOLEON HILL

Tu MENTALIDAD DE MILLONARIO

Una guía práctica para aumentar tu riqueza personal

CON

DON GREEN

y la Fundación Napoleon Hill

Publicado y Distribuido por:

SOUND WISDOM
PO Box 310
Shippensburg, PA 17257-0310
717-530-2122

info@soundwisdom.com
www.soundwisdom.com

Diseño de la cubierta por Eileen Rockwell
Diseño del texto por Susan Ramundo

ISBN 13 TP: 978-1-64095-384-0
ISBN 13 eBook: 978-1-64095-385-7

For Worldwide Distribution, Printed in the U.S.A.

1 2 3 4 5 6 7 8 / 26 25 24 23 22

CONTENIDO

Prefacio: Tu plan para llegar a ser millonario   9

Capítulo 1   El deseo: el punto inicial hacia el logro   13

Capítulo 2   Las creencias: las únicas limitaciones están
               en tu mente   25

Capítulo 3   El ahorro: discrimina entre lo que quieres
               y lo que necesitas   37

Capítulo 4   El trabajo: aumenta tus ingresos   57

Capítulo 5   La educación: aprende para ganar dinero   79

Capítulo 6   Los ahorros: los buenos hábitos conducen
               a grandes futuros   91

Capítulo 7   Los activos: no todos son iguales   105

Capítulo 8   Inversiones: haz crecer tu riqueza como
               un millonario   119

Capítulo 9   El servicio: la llave dorada para crear riqueza   145

PREFACIO
Tu plan para llegar a ser millonario

*El hombre, solo, tiene el poder de transformar
sus pensamientos en la realidad física;
el hombre, solo, puede soñar y hacer que
sus sueños se hagan realidad.*

—Napoleon Hill, *La ley del éxito*

Los millonarios no se hacen por casualidad. La gran mayoría de las personas más ricas del mundo crearon sus fortunas por medio de la planificación rigurosa y la acción decisiva. No permitas que esto te desanime y te haga pensar que no eres capaz de implementar los mismos planes que la élite financiera. Las reglas básicas para crear riqueza son engañosamente sencillas. Napoleon Hill, autor del bestseller internacional *Piense y hágase rico*, reconoce esto cuando escribe: "Ganar y ahorrar dinero es una ciencia, pero las reglas para acumular el dinero son tan sencillas que cualquierpersona puede seguirlas. El principal prerrequisito es la voluntad de subordinar el presente al futuro". Toma los pasos correctos hoy, y podrás disfrutar de la libertad financiera en el futuro.

Cualquiera puede aprender las reglas para adquirir riquezas, pero no todas las personas las pueden seguir. Requiere de deseo, fe, autocontrol e iniciativa; un compromiso para hacer buenas elecciones consistentemente, incluso cuando los temores y las tentaciones amenazan obstruir tu enfoque e impedir tus esfuerzos. Como dijo el gran orador estadounidense William Jennings Bryan: "El destino no es una cuestión de casualidad; es una cuestión de elección. No es algo que hay que esperar; es algo que hay que lograr". Leer este libro es el primer paso hacia tomar el control de tu futuro financiero y derivar más éxito y agrado en todas las áreas de la vida. Porque la seguridad financiera es el prerrequisito para cultivar la paz mental, la forma más alta de la libertad mental y emocional.

De hecho, la riqueza material no es la única, ni siquiera la más alta, medida del éxito. Como Hill explica: "Me decepcionaría mucho saber que algún lector se llevara la impresión... de que el éxito se mide solo por los dólares. Sin embargo", señala: "el dinero sí representa un factor importante en el éxito, y se le debe dar su debido valor en cualquier filosofía que pretenda ayudar a las personas a ser útiles, felices y prósperas". Por esta razón, este libro te enseña los principios necesarios para transformar tus pensamientos y comportamientos para que puedas crear riqueza y lograr los deseos más profundos en tu vida. Acumular posiblemente no sea tu objetivo principal en la vida, pero como descubrirás, sin la seguridad financiera, casi es imposible atraer oportunidades en tu vida o crear las cualidades del carácter necesarias para el éxito personal y profesional.

Como director ejecutivo y presidente de la Fundación Napoleon Hill, y después de una larga y exitosa carrera en la industria bancaria, he observado a innumerables personas trabajar hacia la seguridad financiera. Las historias que comparto en este libro revelarán por qué algunas personas obtienen el éxito mientras que otros se ven frustrados por sus propios hábitos. Las personas que crearon un fuerte legado de riqueza y generosidad fueron las personas que vivieron según los principios en este libro.

Con esto en mente, permíteme compartir las siguientes líneas del poema épico, *Don Juan*, de Lord Byron:

Pero las palabras son cosas, y una pequeña gota de tinta
Cayendo como el rocío sobre un pensamiento, produce
Lo que hace pensar a miles, quizá millones.

Es mi esperanza que en las páginas de este libro encuentres las palabras que harán crecer en ti el deseo de mejorar tu vida personal, familiar y empresarial por medio de tomar el control de tus finanzas y aprender a hacer que el dinero trabaje para ti... y para el bien de la comunidad.

CAPÍTULO 1

EL DESEO:
EL PUNTO INICIAL
HACIA EL LOGRO

EL DESEO es la semilla de todo logro,
el punto de inicio, detrás del cual no hay nada,
o al menos no hay nada de lo cual tengamos conocimiento.

—Napoleon Hill, *La ley del éxito*

La mayoría de las personas quieren llegar a ser ricas, pero la gran mayoría de las personas en el mundo está endeudada o apenas gana lo suficiente para cubrir sus gastos normales. El deseo de tener dinero en sí no es sorprendente. El problema es que para 98 de cada 100 personas, este deseo no está definido. Es abstracto, un anhelo sin dirección que no resulta en nada más que un deseo o esperanza. Sin embargo, simplemente desear tener riquezas no te traerá riquezas. El camino hacia el éxito comienza con un *deseo definitivo*.

ALIMENTA EL DESEO CON LA INSATISFACCIÓN

El primer paso para superar la pobreza, erradicar la deuda y crear riqueza es el deseo; un deseo tan fuerte que estás insatisfecho a tal grado que estás dispuesto a dedicar el esfuerzo necesario para cambiar. No estoy sugiriendo que pases por alto las razones para tener gratitud en tu vida, pero estoy diciendo que la insatisfacción con tu estado actual puede ser una herramienta poderosa para motivarte a actuar. Solo cuando la insatisfacción creada por tu estilo de vida actual sea mayor que la incomodidad del cambio, avanzarás hacia tus objetivos.

Me hace recordar la historia de un caballero que estaba visitando a sus vecinos en el campo. Mientras estaban sentados en el porche de enfrente platicando, el visitante se dio cuenta que el perro de caza del otro hombre estaba emitiendo quejidos, como si tuviera dolor.

¿Qué le pasa a tu perro? —el visitante le preguntó.

Oh, está recostado sobre una tabla que tiene un clavo que le está punzando —contestó.

Pues, entonces, ¿por qué no se mueve? —preguntó el visitante.

Para decirte la verdad —el hombre contestó— el clavo no le está lastimando demasiado.

Es fácil encontrarte en la posición donde simplemente no quieres hacer el esfuerzo porque es más fácil hacer pretextos y quejarte en vez de progresar. Para tener éxito, necesitas tener un deseo ardiente tan fuerte que te impulsará a cambiar tus hábitos destructivos y crear nuevos hábitos que son conducentes a la creación de riquezas. Tal como Napoleon Hill dice: "El punto de inicio de todo logro es el DESEO. Mantén esto constantemente en mente. Los deseos débiles traen resultados débiles, así como una pequeña cantidad de fuego produce una pequeña cantidad de calor".

Solo cuando la insatisfacción creada por
tu estilo de vida actual sea mayor que la
incomodidad del cambio, avanzarás hacia tus
objetivos.

En las famosas parábolas de George S. Clason recopiladas en *El hombre más rico de Babilonia*, Arkad, el habitante más rico de Babilonia, explica cómo creó su fortuna monumental sin recursos: "solo un gran deseo por la riqueza". Su deseo por oro lo impulsó a encontrar el conocimiento que necesitaba para adquirirlo. Usando su bolsa vacía y desgastada como un símbolo de la pobreza que odiaba, Arkad se obligó a sí mismo a vivir conforme a los principios financieros que había descubierto. Lo primero en su mente siempre era el deseo de que su bolsa fuera "redonda y llena, tintineando con el sonido del oro". Con ese deseo ardiente como la guía para sus acciones, pronto pudo engordar su bolsa.

En *Piense y hágase rico*, Hill cuenta la historia de un hombre que tenía un deseo ardiente tan fuerte que estaba dispuesto a hacer todo lo que se requiriera, aparte de infringir en los derechos de otros, para crear la vida que él había imaginado para sí mismo. Edwin C. Barnes deseaba ser el socio del gran inventor Tomás A. Edison. Le importaba poco que no tuviera los recursos o las habilidades para calificarlo para la posición. Ni siquiera tenía el dinero para tomar el tren de pasajeros al laboratorio de Edison; tuvo que tomar el tren de carga. Su deseo era tan fuerte que en su mente, el título que tanto codiciaba ya se había designado para él, y nada se impondría en su camino para reclamarlo.

Cuando llegó al laboratorio, Barnes indicó que su propósito era llegar a ser el socio de negocios de Edison y consiguió una reunión con el inventor. Edison quedó tan impresionado con la autoconfianza de Barnes que le ofreció una posición a nivel de entrada en ese mismo momento. Barnes no vio esto como una derrota, sino como una oportunidad, y puso todo su esfuerzo y energía detrás de su propósito principal. Pudo haber tomado el camino de menor resistencia y aceptar trabajar en proximidad al gran inventor en vez de ser su socio, pero su deseo estaba definido. Es más, pudo haber puesto una condición a sus esfuerzos, abandonado el puesto si, después de unos cuantos meses, no avanzaba dentro de la compañía. En lugar de ello, se comprometió a hacer cualquier cosa que Edison le pedía —y más— para que pudiera reclamar la posición de socio que ya estaba predispuesto para él. En el tiempo oportuno, llegó la oportunidad cuando Barnes aceptó un desafío que ninguno de los socios de ventas existentes de Edison deseaba; vender una máquina de dictado llamado el Edifono. Barnes tuvo tanto éxito que logró un contrato exclusivo para distribuir y mercadear la tecnología por todos los Estados Unidos.

Hill fue muy Claro en cuanto a por qué el deseo de Barnes le permitió hacer realidad su objetivo principal definitivo: "El deseo de Barnes no era una esperanza. No era un anhelo. Era un DESEO apasionado y pulsante, que trascendía todo lo demás. Era DEFINITIVO". Posiblemente no comenzó de una forma tan estructurada. Es muy probable que comenzó con una esperanza o un anhelo, pero Barnes emocional e intelectualmente invirtió en su objetivo y quemó todos los puentes detrás de él hasta que llegara a ser la obsesión dominante de su vida. Esto encendió en él un fuego que lo impulsó a ir la milla extra en su trabajo, reconocer y actuar tan pronto que apareciera una oportunidad, y nunca aceptar la derrota como lo final.

Cultiva una mentalidad de consciencia del dinero

Estás leyendo este libro porque quieres algo mucho mayor de lo que un deseo pasivo por "más" te proporcionará. A fin de traducir tu deseo a una realidad material, se necesita solidificar en un *objetivo principal definitivo*. Como Hill lo explica en *La ley del éxito*, el deseo es el factor que determina qué será el objetivo principal definitivo en tu vida. Nadie puede seleccionar para ti tu deseo dominante, pero una vez que lo selecciones para ti mismo, llega a ser tu objetivo principal definitivo y ocupa el centro de atención de tu mente hasta que quede satisfecho al transformase en realidad, a menos que permitas que quede desplazado a causa de deseos conflictivos.

Si deseas hacer riquezas, tienes que volverte consciente del dinero. Esto significa, en las palabras de Hill, que "la mente ha llegado a estar tan saturada con el DESEO por el dinero, que ya te puedes ver poseyéndolo". Cuando visualizas tu deseo con especifidad y vivacidad, llegas a estar tan decidido que te convences de tu éxito futuro al obtenerlo. Esta creencia inquebrantable de tu capacidad de hacer realidad tu deseo es esencial; es la primera característica que define a la mentalidad de un millonario. La mente es una herramienta extremadamente poderosa: tus pensamientos, y las emociones que unes a ellas, dictan tus resultados. Hill ofrece la fórmula a continuación para usar tus pensamientos para traducir tu deseo en realidad.

La fórmula de Napoleon Hill para convertir tu deseo en riquezas

Primero. Fija tu mente en la cantidad exacta de dinero que deseas. No es suficiente solo decir: "Quiero mucho dinero". Sé definitivo en cuanto a la cantidad.

(Hay una razón sicológica de por qué ser tan definitivo, lo cual se describirá en un capítulo subsiguiente).

Segundo. Determina exactamente qué pretendes dar a cambio por el dinero que deseas. (No existe tal realidad como "algo por la nada".)

Tercero. Establece una fecha definitiva cuando pretendes poseer el dinero que deseas.

Cuarto. Cree un plan definitivo para llevar a cabo tu deseo y empieza inmediatamente, sea que estés listo o no, para poner este plan en acción.

Quinto. Escribe una declaración clara y concisa acerca de la cantidad de dinero que pretendes adquirir, escribe el límite de tiempo para esta adquisición, declara lo que pretendes dar a cambio por el dinero, y describe claramente el plan por medio del cual pretendes acumularlo.

Sexto. Lee tu declaración escrita en voz alta, dos veces al día, una vez antes de retirarte por la noche, y una vez después de levantarte por la mañana. Al leer —VE Y SIENTE Y CRÉETE COMO YA EN POSESIÓN DEL DINERO.

———

Esta fórmula es increíblemente efectiva porque aprovecha el poder del pensamiento para activar tus reservas de poder y

EL DESEO: EL PUNTO INICIAL HACIA EL LOGRO

creatividad. Según como lo explica Hill: "Cualquier idea, plan o propósito dominante que se mantenga en la mente a través de la repetición del pensamiento, y que se emocione con una idea ardiente para su realización, es asumido por la sección subconsciente de la mente y se ejecuta casi instantáneamente a través de cualquier medio natural y lógico que pueda estar disponible". En otras palabras, al fijar tu deseo en tu mente e invertirlo de manera definitiva y con emociones constructivas, puedes formular planes prácticos para adquirir tu objetivo principal, aumentar la audacia para implementarlos, y desarrollar la tenacidad para mantenerte en curso hasta que los planes se hayan cumplido.

Adopta una estructura de motivos

Para fortalecer tu deseo por riquezas, ayuda determinar qué es tu "porqué"; en otras palabras, por qué quieres crear riquezas en primer lugar. Las siguientes son las razones básicas para adquirir dinero:

1. El dinero provee para necesidades básicas tales como el alimento, el abrigo, techo y cuidado médico.

2. El dinero provee para seguridad para el futuro, cuando posiblemente no puedas ganar dinero físicamente.

3. El dinero provee acceso a medios para disfrutar de la vida tales como viajar y el entretenimiento.

4. El dinero puede usarse para ayudar a otros o apoyar causas importantes.

En los Estados Unidos, legalmente puedes vivir dondequiera que desees, comer en cualquier restaurante que escojas, y viajar por los medios más cómodos posibles. Hacer las cosas legalmente es una cosa, poder hacerlo de tal manera es otra. Las necesidades y los deseos requieren dinero, y si te encuentras sin los recursos financieros necesitados, tus opciones serán limitadas; tendrás poca libertad económica.

Determina qué motivo o combinación de motivos darán vida a tu objetivo principal definitivo para que sigas dedicado a perseguirlo. Como dice Hill: "Un deseo ardiente detrás de tu objetivo principal definitivo es necesario, y no vas a tener un deseo ardiente a menos que tengas un motivo que literalmente te hace arder, y entre más motivos tengas que te estén impulsando, lo más probable que te pondrás en contracto con tu mente subconsciente". Él ofrece una lista de nueve motivos básicos para el logro individual:

1. El amor

2. El deseo por relaciones sexuales

3. El deseo por riqueza material o dinero

4. El deseo por autopreservación

5. El deseo por libertad de cuerpo y mente

6. El deseo por autoexpresión

7. El deseo por vida después de la muerte

8. El deseo por venganza

9. La emoción del temor

Los últimos dos motivos son impulsos destructivos y por lo general son contraproducentes. El temor, por ejemplo, te puede mantener en la pobreza por toda tu vida al impedir que uses tu iniciativa personal. Selecciona las motivaciones que te inspirarán a entrar en acción; que te dan un "porqué" lo suficientemente fuerte para superar la incomodidad del cambio. Porque es raro llegar a ser rico de la noche a la mañana, amasar la riqueza puede ser una experiencia muy incómoda: requiere de tiempo, paciencia y renunciar a los placeres monetarios para que se pueda obtener paz mental a largo plazo. Necesitas una motivación que te dará una razón y un empuje emocional para perseverar; para encontrar satisfacción y propósito en la búsqueda del éxito.

En *El hombre en busca del sentido*, Viktor E. Frankl reflexiona sobre los tres años y medio en los que estuvo en cuatro campos de concentración Nazi diferentes, incluyendo Auschwitz, y hace notar que los sobrevivientes a menudo eran los que tenían una razón fuerte por desear seguir con vida. Él escribe: "No hay nada en el mundo … que tan efectivamente ayudaría a alguien a sobrevivir incluso en las condiciones peores posibles como el conocimiento de que hay sentido en la vida de uno". Para Frankl, su motivación era derivada por su deseo de reunirse con su familia y de continuar el trabajo en el cual estaba involucrado antes de entrar a los campos de concentración Nazi. Su trabajo le daba gran propósito, inspirándolo a escribir: "Un hombre que está consciente de la responsabilidad que tiene para con un ser humano que afectuosamente lo espera, o hacia una obra inconclusa, nunca podrá desechar su vida. Él conoce el "porqué" de su existencia, y podrá soportar casi cualquier "cómo"". La oportunidad de rendir servicio a otros de alguna forma, o de vivir generosamente, son incentivos particularmente fuertes. Cualquier motivo que te haga pensar más allá de ti mismo es inherentemente más convincente porque adjunta una responsabilidad a la atracción de la riqueza. ¿Por qué quieres llegar a ser rico? Asegúrate de que tu razón, o serie de razones, es lo suficientemente importante para inspirar crecimiento consistente y duradero. Una vez que conozcas por qué quieres generar riquezas, el "cómo" tiende a encajarse en su debido lugar. Recuerda las palabras del experto del éxito del siglo xix, Samuel Smiles:

*"Los hombres que están resueltos
a encontrar un camino para ellos
mismos siempre encontrarán suficientes
oportunidades; y si no las encuentran,
las crearán".*

—SAMUEL SMILES

REPASO PARA LAS RIQUEZAS

➤ Tres pasos necesarios para asegurar el éxito:

1. Un deseo ardiente

2. La cristalización de ese deseo ardiente en un objetivo definitivo.

3. Suficiente acción apropiada para lograr ese propósito

➤ El deseo es el punto inicial de todo logro. Tiene que ser más fuerte que una mero anhelo o deseo—debe ser la pasión consumidora de tu vida.

➤ Cultiva una mentalidad de consciencia del dinero por medio de verte ya poseyendo la cantidad que deseas.

➤ Alimenta tu deseo con una estructura de motivación; un claro "porqué" que te permite superar la incomodidad del cambio para que puedas actuar sobre tus deseos. Las nueve motivaciones básicas identificadas por Hill son las siguientes (las últimas dos son motivaciones negativas).

• El amor

• El deseo por relaciones sexuales

- El deseo por riqueza material o dinero

- El deseo por autopreservación

- El deseo por libertad de cuerpo y mente

- El deseo por autoexpresión

- El deseo por vida después de la muerte

- El deseo por venganza

- La emoción del temor

TU PLAN MAESTRO MILLONARIO

➤ Selecciona tu objetivo principal definitivo. Para hacerlo, contesta esta pregunta: ¿Cómo defines "riquezas?" Las riquezas pueden ser mentales, espirituales, emocionales o financieros —necesitas determinar por ti mismo cuál es tu deseo más profundo. ¿Qué proveerá para tu vida verdadero significado y te dará la máxima paz mental?

_____

_____

_____

_____

Si tu objetivo principal definitivo no es obtener una cantidad específica de dinero, ¿cómo juega el dinero un papel (si ese el es caso) en tu habilidad de vivir tu propósito?

_____

_____

_____

_____

➤ ¿Qué motivo o combinación de motivos, te provee la
mayor inspiración para dedicarte completamente —a
largo plazo— a cumplir tu propósito mayor?

_____

_____

_____

_____

_____

➤ Sigue la fórmula de Hill de convertir el deseo en riquezas.
Recuerda visualizarte como alguien que ya está en
posesión del tesoro que deseas y apoya esta visión con la
lógica y la emoción suplida por tu estructura de motivos
singular.

_____

"Lo que la mente pueda concebir
y creer, ¡puede lograr!"

—NAPOLEON HILL

_____

CAPÍTULO 2

LAS CREENCIAS: LAS ÚNICAS LIMITACIONES ESTÁN EN TU MENTE

Toda persona es capaz de "desear" ventajas financieras, materiales o espirituales, pero el elemento de la fe es el único poder seguro por medio del cual un deseo puede traducirse en una creencia, y una creencia en una realidad.

—Napoleon Hill, *Más astuto que el diablo*

¿Has ido alguna vez a un circo donde has visto a un elefante encadenado a una poste de metal clavado en el suelo? Sin duda que el elefante poderoso que bien podría pesar hasta dos toneladas fácilmente podría usar su tremenda fuerza para conseguir la libertad al sacar el poste que lo está manteniendo aprisionado. El problema para el elefante es que no conoce su capacidad. Lo mismo se puede decir de la mayoría de las personas que no son exitosas, siendo que no se dan cuenta de lo que son capaces.

Cuando el bebé elefante es muy pequeño, lo anclan a un poste de metal que se ha clavado en el suelo. Después de muchos intentos de librarse, el pequeño elefante deja de tratar y acepta su destino. Ha quedado acondicionado a creer que es incapaz de librarse cuando, en realidad, el elefante ya adulto, con su fuerza aumentada, fácilmente podría sacar el poste enterrado en el suelo. Una vez que se le haya entrenado a aceptar su incapacidad, ha sido conquistado.

La historia del elefante es aplicable al progreso humano. Una vez que aceptamos una limitación en nuestra habilidad de obtener un deseo, no importa si la creencia es cierta o no. El cambio positivo tiene que comenzar con la creencia no solo en la *posibilidad* del éxito, sino en la *certeza* del mismo. Sin esta comprensión, tu grado de logro en la vida se verá restringido porque es raro que superemos nuestras expectativas de nosotros mismos.

El cambio positivo debe comenzar con la
creencia no solo en la posibilidad del éxito,
sino en la certeza del mismo.

Si no tienes ya la confianza en tu habilidad de tener éxito, necesitas desarrollarla. Esto no significa que te hagas arrogante; significa que crees que puedes crecer hacia lo que quieres que tu vida sea. A diferencia del elefante, los humanos tienen la capacidad del pensamiento racional. Así que aunque posiblemente hayamos sido entrenados a creer en la futilidad de nuestros intentos de salir de la deuda y generar riquezas, podemos cambias nuestras creencias para que comprendamos que nuestras únicas limitaciones reales son las que creamos en nuestra propia mente.

Primero, debes creer que puedes cambiar tu condición en la vida, y luego debes reconocer que este cambio requiere pensamientos y acciones diferentes a los que hayas tomado antes. Si esperas o anhelas un cambio pero sigues tomando las mismas elecciones, esa es la definición de la loquera; practicar la misma acción y luego esperar resultados diferentes a los que obtuviste anteriormente. Millones de personas están viviendo o casi viviendo en la pobreza y simplemente ven eso como lo que les toca vivir. O creen que si siguen con sus pasos lentos persistentes, eventualmente les llegará su "gran oportunidad". Tu capacidad para el cambio depende de tu voluntad de cambiar; una vez que reajustes tus pensamientos para que se enfoquen en tu capacidad inherente, y que recalibres tus acciones para que se alineen con esos pensamientos constructivos, entonces ocurrirán cambios positivos. Descubrirás que a diferencia del elefante, ultimadamente tienes control sobre tus circunstancias.

No vivas la vida del elefante que jala enormes vigas pero nunca duda de la fuerza de sus cadenas. Adquiere la creencia y disciplina necesaria para desafiar tu situación actual para que puedas abandonar la multitud de los que "no tienen" y unirte a la multitud de los que sí tienen.

"¡La fe es el elixir eterno que da vida, poder y acción al impulso del pensamiento!"

—NAPOLEON HILL

UN MILLONARIO QUE SOLO CURSÓ SEXTO GRADO

Creer en ti mismo, cuando va acompañado de autodisciplina e ingenio, te permitirá superar cualquier aparente desventaja en la vida. Toma, por ejemplo, la historia de Clint y Lucille, una pareja que vivió más allá de los noventa años. De joven, Clint fue a trabajar a las minas de carbón, cargando el carbón a mano por dos dólares por día. Él no pensaba mucho acerca de las condiciones peligrosas del trabajo o el trabajo pesado requerido para la tarea. Él simplemente estaba tratando de sobrevivir.

Clint tenía quince hermanos, y su mamá había fallecido cuando él solo contaba con catorce años. Como resultado, él abandonó la escuela con solo una educación de sexto grado, y se fue a trabajar para sostener a su familia. Cuando la mamá de Clint murió, quedó pendiente una cuenta del hospital de 300 dólares que se debía pagar. Clint siguió trabajando en las minas de carbón, sin nunca ganar más de 15 o 16 dólares por día. Eventualmente se casó con una mujer llamada Lucille, y él y ella era tan frugales con lo que él ganaba que lograron hacer ahorros significativos con el paso del tiempo.

Más adelante en la vida, Clint construyó algunas pequeñas habitaciones cerca de su casa que podían rentar las personas que trabajaban en esa área. Esto fue antes de que hubiera hoteles en el pueblo. Lucille abrió un pequeño comedor a la orilla de su patio y comenzó a vender hot dogs, hamburguesas y otras comidas sencillas para generar dinero extra.

Como banquero, llegué a conocer a Clint y a Lucille muy bien, incluyendo los detalles más minuciosos de su situación financiera. Con la misma constancia que un reloj, la pareja venía a mi despacho una vez por mes, por lo general el día miércoles, siempre a tiempo para aprovechar mi invitación de almorzar juntos. Ellos pedían emparedados y se comían la mitad, y luego pedían un a caja para llevar a casa lo que quedaba. Su filosofía era simple: "No malgastar nada". Yo sabía que se comerían la otra mitad para la cena.

Cuando Clint y Lucille se aproximaban a la edad de 80, les pregunté acerca de un testamento. Como nunca habían tenido hijos, me suponía que cuando uno de ellos moría, el otro se quedaría con todo. Pero les precaví de la posibilidad de que ambos se murieran a la misma vez en un accidente. Sin un testamento y con una gran cantidad de hermanos y hermanas, la lista de herederos potenciales de sus bienes con valor de 1.2 millones (sin contar su casa y efectos personales) sería masiva. En aquel tiempo, los impuestos sobre sus bienes extraerían una gran cantidad de sus fondos, así que le animé a Clint a donar su dinero a una buena causa. Ese mismo día escribió un cheque por $500.000 para la escuela de la Universidad de Virginia en Wise, creando una beca para jóvenes que deseaban ir a la universidad. Después agregó $225.000 para el fondo de becas que ayudó a establecer, y hoy en día, ese mismo fondo ayuda a cientos de jóvenes a asistir a la universidad; muchos de ellos son los primeros en su familia en asistir a la universidad. Sumas de $100.000 cada una fueron a otras organizaciones benéficas tales como El Hospital Infantil St. Jude, la Asociación Americana del Corazón, la Asociación Americana del Cáncer, y otras causas, hasta que hubieran distribuido todos sus fondos.

Por medio del duro trabajo, una vida frugal, un odio al malgasto y ahorrar consistentemente, Clint superó los obstáculos de haber nacido en la pobreza, no tener una educación, y vivir en un área de pocas oportunidades. Él tenía fe en su habilidad de superar las circunstancias y formar un legado del cual toda persona se enorgullecería, y eso es exactamente lo que hizo.

Mientras creas que obtendrás éxito, nadie ni nada puede forzarte a desviarte del camino. La fe te suplirá con el valor y la resistencia para superar todas las probabilidades en tu contra, la personalidad agradable para atraer la cooperación de otros, y la creatividad de identificar planes prácticos para lograr tu objetivo principal definitivo.

LA FE ES EL CATALIZADOR PARA EL ÉXITO

La fe es el elemento que, cuando se aplica a tu objetivo principal definitivo, activa el subconsciente para identificar planes prácticos para lograr tu objetivo principal. Según como lo explica Hill: "Cualquier deseo, plan u objetivo dominante que esté respaldado por ese estado mental conocido como la fe, es asumido por la sección subconsciente de la mente y actuado inmediatamente". La fe convierte el deseo por el éxito en un imperativo espiritual. Da color a nuestros pensamientos para que adquieran mayor fuerza y persuadan nuestra subconsciencia a sincronizarse con las oportunidades para el crecimiento en nuestro medio. Actúa como un catalizador en una reacción química: fomenta la reactividad de los elementos que operan en nuestra mente; nuestro objetivo principal definitivo y las emociones positivas asociadas con él; sin disminuirse.

Podemos dar gracias que la fe es algo que cualquier persona puede cultivar. Por medio de repetir instrucciones a tu mente consciente, puedes inducirlo a generar automáticamente un estado mental que conduce al éxito. Si libras tu mente de todas las emociones negativas, sobre todo el temor, puedes voluntariamente desarrollar la emoción de la fe. Tal como dice Hill: "La fe es un estado de sentimiento que uno experimenta cuando el cerebro físico se ha limpiado voluntariamente de toda forma de conflicto emocional". Entre más mensajes negativas que alimentes a tu cerebro o internalices de tu medioambiente, más cultivarás un estado mental de temor y duda de ti mismo.

Es importante recordar que tu mente nunca está ociosa, así que si no manejas activamente tus pensamientos, estímulos tóxicos probablemente adquirirán acceso a tu mente subconsciente. Por ejemplo, si te rodeas con aquellos que tienen mentalidad de pobreza, entonces adoptarás los mismos hábitos mentales. Llegarás a temer la pobreza y a la vez esperarás que te siga. Porque nuestros pensamientos armonizan con lo que nos rodea, es importante que nos coloquemos en una red de individuos positivos que apoyan el pensamiento independiente. A la vez, debemos filtrar el ruido que nos bombardea a diario. Una mente pasiva es una mente vulnerable a los caprichos del mundo, que tienden a moverse en la dirección del temor y la superstición. Deshazte de los pensamientos pasivos y sin rumbo e intencionalmente piensa pensamientos afirmadores y positivos. Cuando logres tener el estado mental conocido como fe, entonces podrás usar el poder del pensamiento positivo para encontrar soluciones y oportunidades para apoyar tu éxito. Porque cuando generas pensamientos desde una posición de fe, tu subconsciente tiene mucha más probabilidad de actuar en base a sus deseos e instrucciones inmediatamente.

Una mente pasiva es una mente
vulnerable a los caprichos del mundo.

Los dos secretos para desarrollar el estado mental conocido como la fe son la *repetición* y la *visualización*. Una vez que te deshagas de las influencias negativas de tu medioambiente, debes reemplazar tus pensamientos pasivos con pensamientos activos y positivos. La mejor afirmación que puedes repetir es una declaración de tu objetivo principal definitivo o deseo principal. Entre más le dices a tu mente que lograrás tu objetivo principal, más te creerá y asistirá en descubrir el mejor mecanismo para obtener un objetivo final. Junto con la repetición, debes usar la visualización, pintando una imagen vívida de cómo se verá, sentirá, escuchará y olerá y a qué sabrá para lograr tu propósito principal. Fija una imagen concreta en tu mente de toda la experiencia sensorial del éxito, y tu mente trabajará para hacer realidad la visión que tienes para tu vida. En *Piense y hágase rico*, Hill traduce estos pensamientos en una fórmula útil para cultivar la fe.

LA FÓRMULA DE AUTOCONFIANZA DE NAPOLEON HILL

Primero, sé que tengo la habilidad de lograr el propósito de mi Objetivo Definitivo en la vida, por lo tanto, me exijo a mí mismo una acción persistente y continua acción hacia su cumplimiento, y aquí y ahora prometo realizar dicha acción.

Segundo, me doy cuenta de que los pensamientos dominantes de mi mente eventualmente se reproducirán en acción exterior y física, y eventualmente se transformarán en realidad física, así que me concentraré en mis pensamientos treinta minutos cada día, enfocado en la tarea de pensar en la persona que pretendo llegar a ser, y de esa manera crear en mi mente una imagen mental clara de tal persona.

Tercero, sé que por medio del principio de la autosugestión, cualquier deseo que persistentemente mantenga en mi mente eventualmente buscará expresarse a través de algún medio práctico para alcanzar el objeto que le corresponde, así que dedicaré diez

minutos cada día para exigirme a mí mismo el
desarrollo de la AUTOCONFIANZA.

Cuarto, he escrito claramente una descripción
de mi objetivo principal definitivo en mi vida,
y nunca dejaré de intentar alcanzarlo.

Quinto: Me doy totalmente cuenta de que
ninguna riqueza o posición puede perdurar, a
menos que esté fundamentada sobre la verdad
y la justicia, así que no participaré en ninguna
transacción que no beneficie a quienes afecte.
Tendré éxito por medio de atraer las fuerzas
que quiero usar y la cooperación de otras
personas. Induciré a otras personas a servirme
debido a mi voluntad de servir a otros.

Eliminaré el odio, la envidia, los celos, el
egoísmo y el cinismo, por medio de desarrollar
amor por toda la humanidad, porque sé que
una actitud negativa hacia otros nunca me
traerá el éxito. Causaré que otros crean en mí,
porque yo creo en ellos y en mí mismo.

Firmaré mi nombre a esta fórmula, me
comprometeré a memorizarla, y la repetiré
en voz alta una vez al día, con total FE
de que gradualmente influirá en mis
PENSAMIENTOS Y ACCIONES para que
llegue a ser una persona autosuficiente y exitosa.

—————————

La mente es el taller donde todas las ideas tienen su inicio. Tienes la habilidad de pensar como elijas. Para esperar riquezas, necesitas deshacerte del temor y de cualquier duda de que podrás lograr tu objetivo en la vida. Debes creer que puedes crear lo que quieres crear. Si tienes la habilidad de pensar y creer, también tienes la habilidad de lograr.

Una vez que hayas eliminado las dudas y la incredulidad de tu mente, habrás tomado un paso muy importante en crear un futuro financiero sólido. La mente no puede contener pensamientos de una naturaleza opuesta simultáneamente. No puede pensar en la pobreza y las riquezas en el mismo momento. Por esta razón, es extremadamente importante concentrarte en exactamente lo que quieres y no en lo que no quieres. Desarrollarás una imagen mental fuerte de lo que deseas y creerás en su posibilidad. De hecho, lo verás en el tiempo presente, y lo podrás visualizar como si ya lo tuvieras en tu posesión. El teólogo Norman Vincent Peale captó esto bien cuando dijo: "Si quieres calidad, compórtate como si ya la tuvieras".

Familiarízate con los principios del éxito hasta que los creas y sepas que de hecho son verídicos. Esto se puede lograr de la misma manera en que aprendiste el alfabeto y las tablas de multiplicación cuando eras muy pequeño: por medio de repetirlos una y otra vez.

Tienes dentro de ti ahora mismo las semillas del éxito. Si aprovechas el gran principio natural por medio del cual los pensamientos concebidos en fe se convierten en su equivalente material, entonces, al igual que Clint y Lucille, tú también podrás crear un legado del cual estarás orgulloso.

REPASO PARA LAS RIQUEZAS

➤ Las únicas limitaciones financieras que existen están en tu mente. A fin de cultivar una consciencia del éxito, debes reeducar a tu cerebro a creer no solo en la posibilidad del éxito, sino en la certeza del mismo.

➤ Como humanos, podemos cambiar nuestras circunstancias, independientemente de si hayamos nacido con ciertas desventajas percibidas tales como la pobreza o la falta de educación.

➤ Tu capacidad para el crecimiento y el éxito depende de tu voluntad de cambiar cómo piensas y actúas. Si sigues participando en las mismas actividades, puedes esperar los mismos resultados: un estancamiento o aun un descenso en tu camino al éxito.

➤ La fe es:

1. Una emoción que experimentas cuando limpias tu mente de toda negatividad.

2. Un estado de mente que te permite acceder a niveles más altos de pensamiento.

3. Un catalizador que activa una reacción poderosa entre tu objetivo principal definitivo y las otras emociones positivas que hayas aplicado al mismo.

➤ El pensamiento pasivo y sin dirección te deja vulnerable a los caprichos del mundo, los cuales tienden a moverse en la dirección del temor y la superstición. Reemplaza estos pensamientos destructivos con pensamientos positivos y afirmadores que activamente alimentan tu mente subconsciente.

➤ Las herramientas para desarrollar el estado mental conocido como fe son la repetición y la visualización. Repite una declaración de tu objetivo principal definitivo o deseo principal muchas veces durante el día, a la misma vez que visualices en gran detalle la experiencia exacta sensorial de obtener el éxito, y tu mente subconsciente te creará y te asistirá en descubrir los mejores planes para lograr tu objetivo final.

TU PLAN MAESTRO MILLONARIO

➤ Escribe una lista de tus desventajas percibidas. Luego, junto a cada uno, identifica una manera en que cada desventaja puede reformularse para que sirva como una ventaja u oportunidad para el crecimiento.

_____

_____

_____

_____

➤ Cree tres afirmaciones acerca de ti mismo que puedes usar para cultivar el estado mental conocido como la fe. Una debe enfocarse en la certeza de tu éxito en lograr tu objetivo principal definitivo.

_____

_____

_____

_____

➤ Pinta una imagen vívida de la experiencia de obtener tu deseo principal en la vida. Usa todos tus sentidos; la vista, el gusto, el olfato, el sonido y el tacto; y los detalles más concretos posibles.

_____

_____

_____

_____

➤ Combina esta actividad de visualización con las afirmaciones que has creado para ti mismo, y descubre el poder de la repetición y la imaginación para activar los poderes creativos de tu mente subconsciente.

CAPÍTULO 3

EL AHORRO: DISCRIMINA ENTRE LO QUE QUIERES Y LO QUE NECESITAS

La persona que está libre de la deuda puede vencer la pobreza y obtener gran éxito financiero, pero si está atado por la deuda, tal logro es meramente una posibilidad remota pero nunca una probabilidad.

—Napoleon Hill, *La ley del éxito*

En mi primer empleo, yo era el subgerente de una compañía financiera para consumidores, lo cual requería que pasara la mayor parte de mi tiempo visitando las casas de personas que estaban atrasadas con los pagos de su préstamo. Yo trataba de ayudarles a encontrar maneras para pagar el préstamo, y cuando no podían, me veía forzado a embargar el colateral que garantizaba el préstamo. Los hogares que visitaba siempre tenían un televisor, pero nunca veía libros más que la Biblia. La mayoría de las personas tenían empleos que pagaban bien, simplemente no se educaban. En la mayoría de las instancias, la compañía para la que trabajaban les proveía vivienda, y tenían acceso a la tienda de la compañía, donde todo, desde la despensa hasta los muebles, se podía comprar con crédito. Sin embargo, cuando necesitaban dinero extra, muchas de estas personas dependían de pequeñas compañías de préstamo y luego dejaban pasar años y años sin terminar de pagar la deuda. En aquel tiempo, la tasa de interés era alrededor del 20 por ciento.

El negocio de dar préstamos a los consumidores no le convenía mucho al consumidor. El límite para préstamos en aquel día era de $600.00 y tenía que pagarse en un plazo máximo de 20 meses. Los pagos por lo general eran $37.53 al mes y requerían una cuota de $10 para un seguro de vida. Como un resultado de tomar prestado $600.00, el consumidor terminaba pagando $750.00 ya para cuando el plazo se vencía, Puede que preguntes por qué estoy siquiera mencionando el negocio de préstamos para consumidores. Es porque aprender qué no hacer con frecuencia es más importante que aprender qué hacer.

Mi padre comenzó a trabajar como minero de carbón subterráneo a los 17 años de edad. Recuerdo que me contó una historia de cuando las botas de seguridad se vendían en el almacén grande del pueblo. El almacén estaba cobrando unos dólares menos por las botas que la tienda de la compañía. Un día, un minero de mayor edad le comentó a mi papá que sus botas se veían muy nuevas y le preguntó dónde las había comprado. Mi papá le contestó que las había comprado en la tienda de la compañía, al igual que todas las demás personas. El minero mayor inmediatamente le aconsejó a mi padre que las botas podían comprarse por menos dinero en el almacén del pueblo. Después de ese encuentro, mi padre pronto aprendió a permanecer lejos de la tienda de la compañía donde era muy fácil obtener crédito pero que atrapaba a las personas en un ciclo vicioso de deuda.

Este período de tiempo era después de la Segunda Guerra Mundial, y por muchos años, la tienda de la compañía era la única que los mineros conocían. Los pueblos mineros estaban muy aislados en las montañas, así que viajar era difícil y hacer compras en la tienda de la compañía era más fácil. El cantante conocido de música "country" Ernie Ford tenía una canción famosa llamada 16 toneladas, en la cual hace referencia a la atracción de la tienda de la compañía en los pueblos mineros:

Cargas 16 toneladas y ¿qué obtienes?
Un día más de edad y mayor deuda.
San Pedro, no me llames, porque no me puedo ir.
Le debo mi alma a la tienda de la compañía.

Esas palabras decían mucha verdad. Dieciséis toneladas era la cantidad que un minero de carbón cargaba con una pala, y a cambio por esa labor, no ganaba dinero, sino que quedaba más endeudado en la tienda de la compañía.

Al igual que el minero, tantas personas nunca aprenden —o aprenden demasiado tarde— cómo manejar sus finanzas. En la mayoría de los casos, la razón por qué las personas permanecen en la pobreza no es por los salarios tan bajos, sino por cómo manejan sus ingresos. Con mucha frecuencia, los malos hábitos del manejo del dinero se aprenden de otros o se desarrollan por medio de la falta de intencionalidad, pero sin importar cómo, las consecuencias son terribles. Entre más caes en la deuda, más fuera del alcance se torna una "vida mejor", hasta que un día el sueño de tener libertad financiera se pierde a la realidad de apenas ganar lo suficiente para cubrir los gastos básicos cada mes. Pero podemos estar agradecidos de que existe una manera alternativa de vivir y manejar el dinero, explorado en este capítulo y recomendado a través del libro, que te permitirá salir de la deuda y formar riquezas.

LA DEUDA ES UNA PRISIÓN MENTAL

Hasta mediados de los 1800 en los Estados Unidos e Inglaterra, la práctica común legal de tratar con la gente que no pagaba sus deudas era ponerlos en la prisión para deudores, una práctica que se originó en el siglo trece. Una vez que quedaban encarcelados por no pagar sus deudas, a los deudores se les trataba peor que los criminales comunes en muchos sentidos. Por ejemplo, a los deudores se les forzaba proveer su propio alimento y vestimenta, mientras que los criminales no enfrentaban tales requisitos. Mientras que muchas personas permanecían en la prisión por un plazo corto, algunas veces las personas permanecían allí por muchos años.

En 1824, cuando el novelista Charles Dickens solo tenía 12 años, a su padre lo arrestaron por sus deudas y lo encarcelaron en Marshalsea, una prisión para deudores en Londres, donde toda la familia se vio obligada a vivir también (una práctica común). Dickens quedó tan profundamente afectado por esta experiencia que frecuentemente incorporaba escenas de las prisiones de los deudores en sus obras ficticias, la obra más conocida siendo *La pequeña Dorrit*, donde los deudores están tan atrapados en la mentalidad de deuda que siguen gastando dinero que no tienen en la taberna de la prisión, causando que el narrador comente: "Era evidente por el tono general de todo el grupo, que ellos habían llegado a considerar la insolvencia como un estado normal de la humanidad y que el pago de deudas era una enfermedad que en ocasiones brotaba". Por siglos, la deuda ha arrastrado hacia abajo a generaciones enteras, causando que piensen en la deuda como algo normal y natural en vez de la condición debilitante que es.

Se prohibieron las prisiones de deudores bajo ley federal en los Estados Unidos en 1833, aunque algunos estados siguieron encarcelando a deudores por varios años después de la prohibición, mientras que la Gran Bretaña abolió las prisiones de deudores en 1869. En algunos lugares hoy, como Dubai y Hong Kong, siguen encarcelando a personas por no pagar sus deudas. Sin embargo, aunque los deudores en la mayoría de los países no se encuentran encarcelados en una prisión física debido a su insolvencia, experimentan una prisión mental que limita sus opciones en la vida.

La deuda es una forma legal de esclavitud, tal como captura Ambrose Bierce en *El diccionario del Diablo*, donde define la deuda como "un sustituto ingenioso para la cadena y el látigo del capataz de los esclavos". Hill comparte una perspectiva similar cuando escribe:

"Ningún hombre puede hacer su mejor trabajo, ningún hombre se puede expresar en términos que exigen el respeto, ningún hombre puede crear o llevar a cabo un objetivo definitivo en la vida, cuando tiene mucha deuda sobre su cabeza. El hombre que está atado a la esclavitud de la deuda es tan desvalido como el esclavo que está atado a cadenas reales.

"Un hombre que está atado por la esclavitud de la deuda no tiene el tiempo ni la inclinación para establecer o resolver ideales, con el resultado de que va en descenso con el tiempo hasta que eventualmente empieza a establecer limitaciones en su propia mente, y se queda detrás de los muros de la prisión del temor y la duda del cual nunca se escapa".

—NAPOLEON HILL

La deuda atrapa tu mente de tal manera que nunca puedes perseguir tu deseo principal con dirección y propósito, y limita la cooperación que puedes obtener de otros en servicio a tu objetivo principal. Así pues, es crucial que hagas un plan para pagar toda deuda que no sea tu hipoteca; deudas de las tarjetas de crédito, cuentas médicas, impuestos pasados y préstamos (de estudiante, personales, segunda hipoteca, el auto, si quieres progresar en tu travesía hacia el éxito.

CÓMO SALIR DE LA DEUDA

Elmer y Suzy contaban con un ingreso combinado de menos de $30.000. Observemos su vida para discernir por qué quedaron viviendo bajo el nivel de la pobreza. Ninguno de los dos había completado sus estudios de segunda enseñanza ni tenían capacitación vocacional. Elmer trabajaba en la construcción, y una mujer de mayor edad solía darle algunos trabajos aquí y allá para ayudar, pero él nunca pudo salir de la pobreza. Un trabajo que esta mujer consiguió para Elmer fue hacer trabajo de jardinero durante el verano después de su cumplir con las horas de su empleo regular. Suzy llevaba a Elmer en el auto hasta dicha residencia y esperaba en el auto por tres horas mientras él trabajaba. La licencia de conducir de Elmer había quedado suspendida porque no había estado pagando el sostén de un hijo que había tenido con otra pareja anteriormente. El carro que Suzy conducía era un gran Lincoln viejo que habían comprado porque les hacía recordar al personaje de Matthew McConaughey en la película "El Inocente", basada en la novela de Michael Connelly con el mismo nombre. Con el nivel de ingresos que tenían, el auto había sido una mala decisión financiera que les había atrapado aun más en la deuda.

Elmer no se presentó un día para cumplir con su empleo de jardinero, y en vez de explicar la situación, simplemente rehusó tomar las llamadas de su empleador. Tanto él como Suzy tenían teléfonos celulares, aunque decían no tener suficiente dinero siquiera para actualizar las placas del Lincoln. Porque las placas del auto habían expirado, recibieron una multa, así que les preocupaba arriesgarse a manejar hasta el trabajo de jardinero otra vez. Sin embargo, si hubieran tomado decisiones financieras más inteligentes, fácilmente hubiera remediado el problema. Su departamento solo estaba a una milla de la residencia del empleador de Elmer, y solo hubiera requerido desempeñar su trabajo de jardinero por una tarde para tener suficiente dinero para pagar por las placas del Lincoln.

Otras decisiones financieras nada sabias incluyeron usar los servicios de prestamistas que, con muy altos intereses, prestan dinero para que el cliente pague el día que recibe su sueldo. Pero ya ni podían conseguir dinero allí. Él y Suzy habían llegado a su límite de $300.00 y habían estado endeudados por muchos años. Una gran parte de cada pago del sueldo la tenían que usar para terminar de pagar esa deuda, así que aun antes de que pagaran a Elmer, él constantemente estaría buscando sacar todavía otro préstamo. La pareja estuvo pagando a una tasa de interés anual de 360 por ciento hasta 2009, y luego bajó en 2009 a 290 por ciento anualmente.

Como le sucede a muchas personas, los problemas financieros de Elmer y Suzy estaban ligados a su comportamiento. Una vez que decidieron que de verdad querían cambiar su situación financiera, a tal grado que llegó a ser un deseo ardiente, debieron haber tomado los siguientes pasos:

Primero, Elmer debió haber formulado una lista de personas para quienes había hecho trabajos extra. Porque trabajaba en la construcción y frecuentemente tenía uno o dos días sin trabajo por semana, él pudo haber hecho llamadas para solicitar trabajos extra para desempeñar las tareas que él era capaz de hacer.

Segundo, Elmer debía resolver su préstamo de alto porcentaje de una vez por todas. Al hacer esos trabajos extras, lo que llamaríamos "trabajos secundarios" hoy en día, él podría terminar de saldar la deuda y abandonar el hábito de gastar más de lo que estaba ganando. Pudo haber cambiado su Lincoln, que requiere muchísima gasolina y estaba ocupando demasiados fondos, por una camioneta pick up usada que sería útil en su trabajo de construcción. Con eso, pudo haber seguido construyendo su propio negocio, aceptando tareas tales como llevarse artículos de los cuales otros se estaban deshaciendo y cortando arbustos.

De esa manera, en vez de pedir prestado en base a ganancias futuras, Elmer pudiera haber decidido depositar dinero de su pago actual a una cuenta de ahorros. Elmer y Suzy nunca habían tenido una relación con un banco salvo cuando iban a cambiar un cheque los viernes, y luego los fondos se desvanecían pronto. Necesitaban pagarse a ellos mismos primero, poniendo cuando menos un 10 por ciento de su pago a una cuenta de ahorras, y así generar un fondo de emergencias equivalente a cuando menos tres meses de pago.

Una vez que Elmer y Suzy hubieran ahorrado dinero suficiente para imprevistos, pudieron haber comenzado a invertir dinero en herramientas que ayudarían a Elmer a expandir el repertorio de trabajos extras que podía desempeñar; cosas tales como una motosierra, una carretilla, y otras herramientas básicas. Esto hubiera aumentado su capacidad de ganar dinero y así mejorar la situación de él y Suzy.

———

"El hombre que desea obtener logros
debe tener monedas que pueda
tintinear en su bolsa".
—GEORGE S. CLASON

———

Si tienes deudas de tarjetas de crédito o préstamos personales, es importante que abandones el hábito de comprar a crédito. La deuda está debilitando doblemente tu capacidad de generar riquezas porque no solamente estás pagando intereses en lo que debes, sino que también estás reduciendo la cantidad que puedes ahorrar en el presente. Nunca podrás salir adelante si estas gastando tus ganancias de este mes en las compras del mes o aun el año pasado. Es más, la deuda sostiene la mentalidad de pobreza que impedirá que puedas pensar en términos de riquezas. Una vez que pagues tus deudas, adquieres una libertad de mente que te permite atraer la riqueza y la oportunidad. Esto no es posible si estás atrapado en un ciclo de pagar deudas. Hoy, comprométete a romper el hábito de comprar a crédito. Reemplaza ese hábito destructivo con el hábito constructivo de hacer las cosas en base a un presupuesto. Esto es lo que Hill dice: "Meramente descontinuar un hábito indeseable no es suficiente, siendo que tales hábitos tienen una tendencia de reaparecer a menos que el lugar que anteriormente ocupaban en la mente es ahora ocupado por otro hábito de una naturaleza diferente".

Cree un presupuesto que le da propósito a cada dólar de tus ganancias y asegúrate de pagarte a ti mismo primero. Como trataremos en el capítulo acerca de ahorrar, es importante apartar cuando menos el 10 por ciento de tus ingresos para ahorrar antes de que dediques tu dinero a otros gastos. Repasa tus hábitos de cómo gastaste tu dinero el mes anterior y forma una lista de todas tus categorías de gastos. Asigna las cantidades monetarias que esperas gastar en cada una de las categorías necesarias, pero asegúrate de estudiar muy bien los gastos discrecionales. ¿De verdad necesitas esos artículos no esenciales, o derivarás más placer a largo plazo si colocas ese dinero en ahorros e inversiones?

Una vez que dejes de usar el crédito para suplementar tu estilo de vida y empiezas a operar solo en base al dinero efectivo, también necesitarás crear un plan para pagar tus deudas eficientemente para que no te quedes atrapado en un ciclo de estar pagando más intereses que el principal. En la parábola de las tablas de arcilla en *El hombre más rico de Babilonia*, un profesor está traduciendo la sabiduría atemporal de los antiguos babilonios y está implementando los principios para él mismo, incluyendo dedicar el 20 por ciento de sus ingresos cada mes para pagar sus propias deudas. Él pronto descubre el poder de presupuestar una cantidad firme para pagar sus deudas conforme hace progreso sustancial en deshacerse de las deudas que le han estado pesando a él y a su familia. Este cambio genera más buenos hábitos: él y su esposa se vuelven conscientes de cómo están gastando su dinero y encuentran alternativas más económicas para muchos de sus gastos recurrentes. Luego, una vez que queden libres de deudas, planean usar el 20 por ciento que habían asignado para reponer su deuda para incrementar sus ahorros, en vez de sucumbir a una inflación de su estilo de vida y volver a entrar al ciclo de deudas. Quedan asombrados al descubrir lo que pueden lograr con su mismo pago. "Las cosas nos van bien financieramente, mejor que nunca .¿Quién podría creer que habría tanta diferencia en resultados entre seguir un plan financiero y simplemente dejarnos llevar por la corriente?"

Con un plan concreto, puedes estar en control de tus finanzas y asegurarte de que las estás manejando sabiamente, en vez de disiparlas sin darte cuenta antes del fin del mes.

"Si compras cosas que no necesitas, pronto tendrás que vender las cosas que necesitas".

—WARREN BUFFETT

Si encuentras que tus ingresos actuales no te permiten repagar tus deudas lo suficientemente rápido, necesitas encontrar maneras en las que puedas suplementar tus gastos. ¿Cómo puedes usar los recursos que están a tu disposición, tales como tu tiempo, cualquier habilidad que tengas, y acceso a cosas tales como un auto, para generar más ingresos? Durante la pandemia del CoVid 19, muchas personas se dedicaron a proveer servicios tales como Uber Eats y otros servicios de entrega de alimentos y similares a domicilio para suplementar sus salarios existentes o reemplazar ingresos que ya no estaban recibiendo. Las personas que tomaron estos trabajos secundarios a menudo descubrían que no solo podían así resolver sus gastos de vida básicos, sino que también podían pagar sus deudas de manera más rápida, todo porque decidieron usar recursos que ya poseían para crear riquezas.

¿QUÉ VALORAS?

Cualquier persona que quiera generar riquezas debe poder evaluar correctamente el valor de sus compras. El valor, por supuesto, es relativo. Una persona posiblemente le atraiga más gastar dinero en salir a cenar o en el entretenimiento, mientras que otra persona puede preferir gastar su dinero en cosas materiales. A algunas personas les gusta comprar una cantidad más grande de artículos baratos, mientras que otros disfrutan de comprar menos artículos, pero de mejor calidad. Pero incluso las personas más ricas del mundo no pueden comprar todo lo que tengan a su disposición. Tienen que distinguir entre lo que quieren y lo que necesitan y asegurarse de tener los suficientes fondos discrecionales para cubrir las cosas que quieren comprar sin que afecte la cantidad de dinero que están poniendo en sus ahorros. De hecho, frecuentemente las personas más ricas son quienes están viviendo bastante modestamente. Según Robert Kiyosaki, autor de *Padre rico, padre pobre*: "En el caso de las personas ricas, los lujos son lo último que compran, mientras que en el caso de las personas pobres y clase media, tienden a comprar los lujos primero". Es común ver a las personas ricas comprar autos usados con dinero en efectivo, mientras que las personas de clase media comprarán un auto nuevo con un préstamo de cinco años que impide que coloquen suficiente dinero en sus ahorros cada mes. Según un documental de BBC, Warren Buffett se compra autos a precios reducidos; a menudo los que han sido dañados por el granizo. Las personas verdaderamente ricas típicamente no sienten la necesidad de gastar dinero a fin de impresionar a otras personas; conocen el valor de vivir modestamente, de ahorrar diligentemente y dar generosamente.

Es más, no tienes que ser millonario para ser rico. La cantidad que se requiere para ser financieramente independiente depende del estilo de vida de uno, tal como ilustra la historia de Tim. La Fundación de Napoleon Hill se encuentra en el campus de la Universidad de Virginia-Wise, y allí cerca contamos con unidades de clima controlado donde guardamos nuestros archivos de grabaciones en audio y libros. Cuando el material es transportado de ida y vuelta a estas unidades, usamos una gran compañía de mudanzas. Tim, uno de los choferes principales de los fletes, llegó a conocer la clase de libros que estaba transportando. Un día Tim me contó esto acerca de sus finanzas: "Cuando conseguí un trabajo y pagué por mi primer carro y lo conduje por un tiempo, pensé que necesitaba un carro nuevo. Mi papá me advirtió que no permitiera a una novia o alguien más influir en las decisiones que tomaba para comprar. Él me dijo que debía enterarme de cuánto costaría el carro, la cantidad de intereses, los pagos mensuales y por cuantos meses estaría pagando. Luego debía analizar lo que me pagan en el trabajo y determinar cuántos días por mes necesitaría trabajar para pagar por ese carro nuevo. Me dijo que podría decidir que no necesito el coche, que solo lo quiero. 'En la vida', dijo, 'puedes permitir que tus deseos se aprovechen de ti'".

Aunque el papá de Tim solo contaba con ocho años de enseñanza formal, él contaba con la sabiduría que muchos que se han graduado de la Universidad no tienen. Él también animó a Tim a ahorrar dinero para imprevistos porque todos experimentamos tiempos difíciles inesperados. Tim ahora ha tenido el mismo trabajo por 22 años, ha pagado por completo la hipoteca de su casa, así como su auto, y no tiene deudas en tarjetas de crédito ni ninguna otra clase de deuda. Tim dijo que se acordó de lo que su papá le aconsejó y que siempre ha ahorrado el 15 por ciento de sus ganancias.

Toma el consejo de Tim: "Si aprendes la diferencia entre las cosas que quieres y las que necesitas, no tendrás problemas financieros en la vida". Los consejos de Warren Buffett también son relevantes aquí: "Si te permites ser indisciplinado en cuanto a las cosas pequeñas, probablemente serás indisciplinado en las cosas grandes también".

Cuando estás considerando hacer una compra, y no me refiero a un artículo pequeño como una botella de agua, sino una compra que afecta tus finanzas, hazte las siguientes preguntas:

1. ¿Es algo que quiero o algo que necesito?

2. ¿Puedo pagar por esta compra con dinero en efectivo?

3. ¿Tendrá este compra un impacto negativo en mis finanzas?

4. ¿Estoy considerando esta compra porque he recibido la influencia de otros, tales como promotores, que no necesariamente tengan mis mejores intereses en cuenta?

5. ¿Cuál será el costo total de esta compra? (Considera todos los gastos involucrados: el gasto monetario directo, el gasto monetario secundario, el gasto emocional, el gasto espiritual, etcétera.)

6. ¿Cuántas horas totales de labor se requerirán para pagar por esta compra?

Si sigues comprando cosas que no necesitas, a menos que estés totalmente bien financieramente, nunca llegarás a ese lugar conocido como la "buena vida".

Uno de los mayores errores que los consumidores hacen es hacer compras de impulso. Sin duda que te has dado cuenta de que cuando pasas a la línea de cajeros en el supermercado, en cada lado hay artículos pequeños que puedes comprar que son conocidos como artículos de impulso. Estos son artículos que fácilmente puedes agregar a tus compras que probablemente no estaban en tu lista de compras y no son artículos que necesitas. Fácilmente puedes incrementar tu cuenta total sin siquiera pensarlo o sin darte cuenta de lo que acaba de pasar, al agarrar estos artículos y agregarlos a tu demás mercancía.

───────────

"Hay dos maneras de ser feliz:
Podemos disminuir nuestros deseos o aumentar
nuestros recursos. Cualquiera de las dos cosas
sirve, el resultado es el mismo.
Y cada uno debe decidir por sí mismo, y hacer
lo que le resulte más fácil. Si estás desocupado,
enfermo o pobre, por mucho que te cueste
disminuir tus deseos, será más difícil aumentar
tus recursos. Si eres activo y próspero o
joven o con buena salud, puede ser más fácil
para ti aumentar tus recursos que disminuir
tus deseos. Pero si eres sabio, harás ambas
cosas al mismo tiempo, seas joven o viejo, rico
o pobre, enfermo o sano, y si eres muy sabio,
harás ambas cosas de manera que aumentes la
felicidad general de la sociedad".

—BENJAMIN FRANKLIN

───────────

Si no puedes ahorrar una parte de tus ganancias, no llegarás a la seguridad financiera. Si gasta o consumes todos tus ingresos, nunca llegarás a la seguridad financiera. La compra de cosas que quieres no se debe hacer hasta que tengas cierto grado de seguridad, que esencialmente significa un fondo de emergencia que cubra cuando menos tres a seis meses de tus gastos de vida básicos.

¿QUIERES SOBREVIVIR O QUIERES VIVIR?

La habilidad de hacer esperar la gratificación fue el tema de un experimento famoso conducido por Walter Mischel en 1972 en la Universidad de Stanford. A los niños que estaban participando en la investigación se les ofreció un bombón y se les dijo que si podían resistir comerse los bombones, recibirían dos bombones en vez de uno. Los científicos midieron cuánto tiempo cada niño resistió la tentación de comerse el bombón y eventualmente pudieron mostrar que una demora más larga tenía correlación con un futuro de mayor éxito. Determinaron que la habilidad de demorar la gratificación señalaba mayor autocontrol, que es un requisito fundamental para el éxito.

Aunque este estudio se condujo entre niños, fácilmente se puede aplicar a los adultos. Si no puedes demorar gastar dinero en lo que quieres hasta que tengas cierto grado de seguridad financiera, entonces posiblemente puedas esperar sobrevivir, pero sobrevivir y vivir son dos maneras diferentes de existir. Las buenas nuevas son que sobrevivir o vivir depende totalmente de ti.

En una de las parábolas de *El hombre más rico de Babilonia*, un mercader relata un cuento que ilustra la importancia de no malgastar el dinero en lo que uno quiere antes de establecer su seguridad financiera. Cuando se le presentó la oportunidad de hacer una inversión con potencial de creces a este hombre cuando todavía era joven, este mercader declinó, con el razonamiento de que: "Había hermosas túnicas nuevas recién traídas por los mercaderes desde el Oriente, túnicas de tal riqueza y belleza que mi buena esposa y yo sentimos que ambos debíamos poseer una. Si aceptaba pagar una décima parte de mis ganancias a la empresa, tendríamos que privarnos de estos y otros placeres que deseábamos mucho". Porque valoraba más los placeres pasajeros que la seguridad financiera, el mercader se perdió de esta oportunidad de aumentar su patrimonio y lograr libertad financiera. Si él solo hubiera demorado su compra las túnicas elegante hasta que hubiera creado más ahorros, él hubiera podido disfrutar más de las bondades del mundo posteriormente en la vida. Cuando intercambias el placer momentáneo de una compra a corto plazo por la satisfacción de seguridad financiera a largo plazo, conocerás la paz mental que viene de la independencia económica.

No hay nada que el dinero pueda
comprar que sea más importante que
tu libertad financiera.

Las elecciones que hagas con tu dinero después de que hayas cumplido con tus necesidades básicas de vida determinarán el grado en que crecerá tu ganancia neta futura. Ultimadamente, es importante recordar que no hay nada que el dinero pueda comprar que sea más importante que tu libertad financiera.

REPASO PARA LAS RIQUEZAS

➤ La deuda es una prisión mental que restringe tus pensamientos, tus ideas, oportunidades, potencial para colaboración, y crecimiento económico.

➤ Abandona el hábito de comprar a crédito, y cambia a solo comprar con efectivo.

➤ Reemplaza el hábito destructivo de gastar a crédito con el hábito constructivo de hacer un presupuesto. Dedica el primer 10 por ciento de tus ingresos en ahorros personales y, dentro de tus posibilidades; *El hombre más rico de Babilonia* recomienda el 20 por ciento para pagar tus deudas.

➤ Identifica oportunidades para incrementar tus ingresos para pagar tus deudas más rápidamente. Considera qué recursos y habilidades están a tu disposición, y cree un plan para convertirlos en uno o más trabajos secundarios.

➤ Evalúa a fondo tus compras para determinar cuáles te están trayendo verdadero valor. Distingue entre lo que en verdad necesitas y lo que quieres, y práctica la gratificación demorada en las cosas que quieres hasta que logres la seguridad financiera.

➤ Las personas verdaderamente ricas no sienten la necesidad de gastar dinero a fin de impresionar a otras personas; ellos conocen el valor de vivir modestamente, ahorrar diligentemente y dar generosamente.

➤ El Autocontrol es un requisito fundamental para el éxito. Al considerar las compras no esenciales, recuerda que no hay nada que el dinero pueda comprar que sea más importante que tu libertad financiera.

TU PLAN MAESTRO MILLONARIO

➤ Haz una lista de tus deudas aparte de la hipoteca de tu casa, que actualmente tienes. Incluye deudas de tarjetas de crédito, préstamos, (personales, de auto, educación, préstamos sobre la casa, familiares y cualquier otro), cuentas médicas sin saldar, impuestos no pagados, y cualquier otra cantidad de dinero que debes.

_____

_____

_____

_____

➤ Haz un presupuesto, dándole propósito a cada dólar que recibes en tu sueldo. Págate primero: asignando cuanto menos el 10 por ciento a tus ahorros personales, (no más si tienes deudas aparte de la hipoteca de tu casa), o a inversiones si ya tienes ahorrado lo suficiente para un fondo de emergencia que te permitiría cubrir de 3 a 6 meses de tus gastos de vida básicos. (Toma nota de que este 10 por ciento es además de los ahorros para la jubilación que automáticamente se descuentan de tu sueldo.) Luego, determina cuánto puedes asignar razonablemente al pago de tus deudas cada mes y que esto sea lo segundo que figure en tu presupuesto. Luego, con la cantidad que quede, gasta tu dinero solo en compras que verdaderamente traen valor.

Ingreso mensual: _____

Ahorros, inversiones: _____

Pago de deudas: _____

Donativos, diezmos: _____

Hipoteca: _____

Pólizas de seguro (auto, casa, vida, etc.):_____

Impuestos sobre propiedad: _____

Mantenimiento de la casa: _____

Teléfono: _____

Electricidad/gas: _____

Agua/drenaje: _____

Basura: _____

Pagos del auto: _____

Gasolina:_____

Placas y licencias: _____

Despensa: _____

Restaurantes:_____

Cuentas y recetas médicas: _____

Entretenimiento: _____

Cuidado personal (cortes de pelo, etc.): _____

Vestimenta:_____

Ejercicio/salud: _____

Regalos:_____

Cuidado de los hijos:_____

Misceláneos _____

➤ ¿Cómo distingues entre lo que quieres y lo que necesitas? ¿Qué cosas (monetarias y no monetarias) añaden valor a tu vida?

- Lo que quiero:

_____

_____

_____

_____

- Lo que necesito:

_____

_____

_____

_____

➤ Reflexiona en los gastos que has hecho los últimos meses. ¿Cuánto dinero estás gastando en las cosas que quieres y cuánto estás gastando en las cosas que necesitas? ¿Cómo puedes alterar esta proporción de ahora en adelante para mejor reflexionar el valor que estás ahora dando a tu seguridad financiera?

_____

_____

_____

_____

➤ Repite esta afirmación a ti mismo cada vez que estés considerando hacer una compra:

Tengo autocontrol. Yo sé qué es lo que verdaderamente es importante para mí en la vida. No necesito impresionar a nadie con mis compras. La seguridad financiera y la habilidad de dar generosamente son las avenidas más altas hacia donde mi dinero puede ser dirigido.

CAPÍTULO 4

EL TRABAJO:
AUMENTA TUS INGRESOS

*Hay alegría en el trabajo. Solo hay felicidad cuando uno se
da cuenta de que ha logrado algo.*

—Henry Ford

F ormar riquezas requiere de mucho más que meramente ser
disciplinado con tus finanzas; requiere que ganes lo suficiente
para pagar por todas las cosas que necesitas, por algunas de las cosas
que quieres, y para tener lo suficiente para ahorrar e invertir. Es
raro encontrar atajos para obtener riquezas estables. Los supuestos
planes para hacerse rico pronto, que prometen rendimientos
altos y rápidos sobre inversiones mínimas de tiempo y dinero
casi siempre resultan en pérdida financiera. Además, el *National
Endowment for Financial Education* (Fundación Nacional para la
Educación Financiera) reporta que "Alrededor del 70 por ciento
de personas que ganan la lotería o que reciben de repente gran
cantidad de dinero terminan en la bancarrota dentro de unos
pocos años". Debido a que la mayoría de las riquezas a largo
plazo es creada por medio de ahorros e inversiones consistentes, es

esencial que encuentres un empleo que es significativo para ti, que genera ingresos suficientes para sostenerte en tu camino a lograr tu objetivo principal definitivo.

ENCUENTRA TU TRABAJO DE POR VIDA

¿Por qué es que tantas personas trabajan pero no tienen éxito? La primera razón es porque la gran mayoría de la población no le da mucha consideración a la trayectoria de su carrera. Aceptan el primer trabajo que les ofrecen después de terminar la escuela y nunca se preguntan si les está sirviendo. Y luego se preguntan por qué están tan insatisfechos. Escucha lo que Napoleon Hill dice acerca de este fenómeno: "¿Alguna vez te has detenido para pensar que la mayoría de las personas terminan la escuela y empiezan a trabajar en un empleo o entran a una vocación o profesión sin la menor concepción de algo que siquiera remotamente se asemeje a un objetivo definitivo o un plan definitivo? En vista del hecho de que la ciencia ha provisto de maneras y medios razonablemente acertados para analizar el carácter de una persona y determinar el trabajo de por vida para el cual es más apta, ¿no parece una tragedia moderna que el 95 por ciento de la población adulta de este mundo está compuesta por hombres y mujeres que han fracasado porque no han encontrado su lugar apropiado en el trabajo del mundo?".

Hill comparte la historia de un hombre que vende cacahuates en la esquina de una calle todo el día; no porque le guste, y no hay nada de malo con vender cacahuates si esto sirve tus propósitos, sino porque nunca se tomó el tiempo para identificar un objetivo definitivo que le traería mayor rendimiento a su labor. Según Hill: "Él está vendiendo cacahuates porque es un vagabundo en el mar de la vida, y una de las tragedias de su trabajo es el hecho de que esa misma cantidad de esfuerzo que dedica a ello, si la dirigiera para otras cosas, le traería mucho mayor rendimiento".

"Todos los que tienen éxito trabajan con
algún objetivo definido y sobresaliente
como el objeto de sus labores".

—NAPOLEON HILL

Con tantas opciones disponibles para descubrir la clase de trabajo para la cual una persona es más apta incluyendo la evaluación CliftonStrengths, el test MAPP (evaluación motivacional potencial personal), el test DISC, el indicador de tipo Myers-Briggs, entre otros, no hay pretextos para no conocer la clase de trabajo para el cual tienes una aptitud natural y cuál clase de trabajo te verás motivado a desempeñar. Hill aconseja que el trabajo para el cual eres más apto es algo que disfrutarás plenamente: "Porque es un hecho bien conocido que un hombre por lo general tiene éxito en el área de desempeño en el cual él pueda entregar todo su corazón y alma".

En *My Own Story* ("Mi propia historia"), Bernard Baruch, quién se hizo millonario a base de sus propios esfuerzos y quién es consejero de presidentes, razona que hay tantas personas que viven en pobreza alrededor del mundo porque no comprenden la motivación de las ganancias, que es la clave a la libertad individual. Él identifica tres incentivos generales para trabajar: el amor a tu trabajo o el deseo de servir a otros, el deseo de obtener ganancias y beneficios y ser forzado a trabajar por alguna autoridad externa. En cuanto al último incentivo, el trabajo exigido no es una receta para la motivación sostenida. La mayor y mejor motivación es identificar un objetivo que te impulsa a trabajar, así como una carrera que amas; sea porque amas el trabajo en sí o porque amas el propósito que te da; por ejemplo, si estás ayudando a otros por medio de tu trabajo.

De lo que realmente estamos hablando aquí es determinar tu trabajo de por vida, tu vocación o llamado, temprano en la vida y luego quemar todos tus puentes para perseguir solamente este. Este trabajo de por vida debe ser o tu objetivo principal definitivo en la vida o algo que lo apoya directamente. Tal como Hill escribe: "Existe una cosa singular que tú puedes hacer mejor que cualquier otra persona en el mundo. Búscala hasta que encuentres cuál es, haz que sea el objeto de tu objetivo principal definitivo, y luego organiza todas tus fuerzas y atácala con la creencia de que vas a ganar".

Al determinar cuál debe ser tu trabajo de por vida , reconoce que hay dos medios honestos para adquirir riquezas: puedes proveer o un servicio o un producto que alguien está dispuesto a dar de sus propias riquezas para recibir o adquirir. Detente y pondera acerca de algunos de los ejemplos del pensar creativo que literalmente han cambiado al mundo: el foco de Thomas Edison, el teléfono de Alexander Graham Bell, y más recientemente, Steve Jobs, Bill Gates, Elon Musk y otros en el campo de la tecnología que han hecho que nuestras vidas sean más fáciles en derredor del mundo.

La industria del servicio no es una excepción. Piensa, por ejemplo, de la historia de Fred Smith y Federal Express. La idea de Smith fue de recoger paquetes, llevarlos a un lugar central, clasificarlos y entregarlos dentro de un solo día. Presentó su idea como un proyecto en la Universidad, pero su profesor no se quedó impresionado. Hoy FedEx es una compañía multimillonaria conocida por todo el mundo. Ray Kroc vio una oportunidad para el crecimiento en la industria del alimento y compró un pequeño restaurante de comida rápida. Bajo su liderazgo este pequeño restaurante pronto creció hasta llegar a ser la cadena de comida rápida mundialmente conocida como McDonald's.

Algunas personas pueden crear productos que nunca antes

existieron y formar de ellos empresas multimillonarias, mientras que otros toman empresas que ya existen y las mejoran y expanden. Ambos métodos requieren de ideas, trabajo duro, dedicación y persistencia para alcanzar los máximos resultados. La pregunta que te tienes que hacer es: "¿Qué es lo que la gente quiere y cómo lo puedo proveer por medio de un mejor producto, un mejor precio o un mejor servicio y de una manera que animará a que las personas quieran repetidas veces lo que les estás ofreciendo?" Una vez que hayas descubierto lo que la gente quiere o necesita, entonces debes determinar cómo puedes proveer al consumidor lo que quiere o necesita.

Después de resolver la logística para suplir esta necesidad, debes satisfacer la demanda del cliente a través de uno o la combinación de varios medios. Un mejor precio frecuentemente motivará a un comprador, pero mejor calidad también puede ser muy atractivo. Un servicio confiable es algo que no se debe pasar por desapercibido. La habilidad de promover tu producto o servicio producirá más clientes potenciales que considerarán usar el producto o los servicios que estás vendiendo.

Sea que inicies un negocio por tu propia cuenta o cumplas un servicio para una organización, aprovecha el poder de tu imaginación para identificar un camino claro para lograr tu objetivo principal definitivo. Hill nos anima cuando escribe: "Una sola buena idea es todo lo que se necesita para lograr el éxito". No requiere el acceso a vastos recursos para adquirir riquezas. Tampoco hay un límite a la cantidad de riquezas que puede s crear para ti mismo. A menudo las personas tienen la idea equivocada de que porque algunas personas tienen riquezas, otros tienen menos riquezas; por lo tanto, los ricos han tomado el dinero que debería haber sido suyo. Este es un pensamiento destructivo que se pasa de generación a generación , y es completamente falso. Lo que tú deseas se puede crear.

"La imaginación es el inicio de la creación. Imaginas lo que deseas, tienes voluntad para lo que te imaginas, y finalmente crees lo que deseas".

—BERNARD SHAW

Cuando llegué a ser presidente de un banco que ahora es parte de una gran compañía de bancos cartera, la industria de ahorros y préstamos estaba en muy mal estado. En esos tiempos, el gobierno federal de los Estados Unidos estaba cerrando cientos de bancos. La inflación estaba rampante, las tasas de interés para depósitos estaban alrededor del 20 por ciento y las hipotecarias de tasa fija alrededor del 9 por ciento. El banco había perdido millones de dólares y estaba a punto de cerrar. Pero el primer año que fui Presidente y Director Ejecutivo el banco logró ganar 90.000 dólares, y ganó millones de dólares a lo largo de los 18 años que tuve ese puesto.

Los empleados no habían recibido un aumento de sueldo en varios años porque el banco no estaba generando dinero. Yo propuse un aumento significativo para los empleados a uno de los fideicomisarios y el mayor accionista, y su respuesta fue: "Cierto, estamos generando buen dinero ahora, pero hemos perdido tanto dinero, y el pastel solo tiene cierto tamaño". Yo contesté: vamos a seguir haciendo un pastel todavía más grande. No hace falta decir que los empleados sí obtuvieron su aumento de sueldo, y en 18 años nunca pedí un aumento para mí mismo, ni autos, ni bonificaciones, ni membresía en el club campestre u otros incentivos, porque mi meta principal era hacer un pastel más grande. Como demuestra esta historia, no hay límites a la cantidad de riqueza que se pueda crear. Todo lo que se requiere es la imaginación, el deseo y la acción.

TOMA LA INICIATIVA

Una vez que hayas identificado cuál es tu trabajo de por vida, debes trabajar para adquirir o crear un puesto que te permita desempeñarlo. No sigas por un camino que no te lleve a tu objetivo principal definitivo, con la idea equivocada de que una oportunidad para dar un giro se presentará a ti en algún momento más adelante. Los personas modernas están plagadas por la procrastinación, pero todos los millonarios han cultivado su iniciativa personal para tomar acción rápidamente y cambiar de parecer lentamente.

El hábito de la iniciativa personal se puede desarrollar por medio de trabajar con definición de propósito. Tal como Hill explica: "El hábito de trabajar con un objetivo principal definitivo hará crecer dentro de ti el hábito de la decisión rápida, y este hábito te ayudará en todo lo que haces".

"La victoria del éxito está medio ganada cuando se adquiere el hábito del trabajo".

—SARAH A. BOLTON

Elsie, quien murió hace algunos años a la edad de 90, nació en 1921. Ella era una de 16 hijos y su mamá murió cuando ella solo tenía 7 años de edad. El papá de Elsie nunca se volvió a casar después de la muerte de su esposa y siguió viviendo en una vieja casa de leña en un área muy remota y montañosa en el suroeste del estado de Virginia donde todos sus hijos habían nacido. Algunos de los hermanos y hermanas mayores de Elsie ayudaron a cuidar de la familia. Sin el amor y el consejo de una madre, Elsie fácilmente pudo haber vivido una vida de pobreza.

Ella obtuvo la máxima educación disponible para ella en la escuela, una educación de séptimo grado. Antes de cumplir los 14 años, se casó con un muchacho de 18 años que también contaba con una educación de séptimo grado. El esposo era un minero de carbón subterráneo y solo ganaba unos cuantos dólares al día. No contaban con ninguna clase de asistencia a la familia o asistencia pública. Ella comenzó a tener hijos poco antes de cumplir los 16 años. Al cumplir los 27 tuvo su quinto hijo. ¿Qué cualidades poseían Elsie y su esposo que les permitió criar a cinco hijos exitosos y buenos ciudadanos, y además poder hacer muchas buenas obras para su comunidad e incluso para otros países?

Elsie comprendía el valor de la autodisciplina. A menudo le gustaba decir: "Si aprendes a disciplinarte a ti mismo, entonces otros no te necesitarán disciplinar". Elsie cuidó de su casa, su patio, su jardín y sus flores aun en los últimos años de sus 80, y ella era muy exigente en cuanto a cuándo y cómo se debían cumplir estas tareas. Un día le preguntó a un nieto a qué hora vendría para podar el césped, y él le contestó: "Abuelita, llegaré allí a las 10:00 a.m.". A las 10:15, el nieto recibió una llamada telefónica: "Pensé que estarías aquí a las 10". Elsie era increíblemente disciplinada y se encargaba de sus cuentas y sus tareas dentro y alrededor de la casa rápidamente. Siempre llegaba a la Iglesia, a su grupo de costura, su club o dondequiera que iba a tiempo, y por lo general, temprano.

Elsie era una persona muy segura de sí misma con una fe fuerte que le ayudó a llevar una vida exitosa, ayudando a que el mundo fuera un mejor lugar, y dejó un legado que enseña los principios que ella vivió. Cuando murió, su casa estaba pagada, su auto estaba pagado, y no tenía deudas. Aunque ella había sido viuda desde los primeros años de sus 70, ella tenía un valor neto de varios cientos de miles de dólares. Además ella daba fielmente a su Iglesia y a varias otras organizaciones benéficas cada mes. Si preguntas por qué conozco los detalles íntimos de la vida de Elsie, es porque ella fue mi amada mamá.

Se requiere de autodisciplina para tener libertad financiera. Necesitas adquirir el hábito de trabajar y demostrar iniciativa personal para salir adelante en la vida. No hay ningún beneficio a la postergación o a hacer trabajo mediocre. "Las ideas son los puntos iniciales de todas las fortunas", dice Hill, pero requiere de acción para mantenerlas vivas. A continuación está la fórmula de Hill para convertirte en una persona de iniciativa y liderazgo.

LA FÓRMULA DE NAPOLEON HILL PARA LLEGAR A SER UNA PERSONA DE INICIATIVA Y LIDERAZGO

Habiendo escogido un objetivo principal definitivo como mi trabajo de vida, yo ahora comprendo que es mi deber transformar este objetivo en una realidad.

De tal manera, formaré el hábito de tomar alguna acción definitiva cada día que me llevará a un paso más cerca a la adquisición de mi objetivo principal definitivo.

Sé que la postergación es un enemigo mortal de todos los que llegarían a ser líderes en algún esfuerzo, y eliminaré este hábito de mi vida por medio de:

a. Hacer una cosa definida cada día que se debe hacer sin que nadie me diga que lo haga.

b. Buscar hasta encontrar una cosa que pueda hacer cada día que no he tenido el hábito de hacer y que le agregará valor a otros, sin esperar que se me pague.

c. Contarle a cuando menos una persona cada día del valor de practicar este hábito de hacer algo que se debe hacer sin que le diga que lo haga.

Puedo ver que los músculos del cuerpo se fortalecen en proporción a las veces que son usados, así que, comprendo que el hábito de la iniciativa también se llega a fijar en proporción a las veces que es practicada.

Me doy cuenta que el lugar para comenzar a desarrollar el hábito de la iniciativa es en las cosas pequeñas y comunes relacionadas con mi trabajo diario; así que iré a mi trabajo cada día como si lo estuviera haciendo solo con el propósito de desarrollar este hábito necesario de la iniciativa.

Comprendo que por practicar este hábito de tomar la iniciativa relacionada con mi trabajo diario, no solamente estaré desarrollando ese hábito, sino que también estaré atrayendo la atención de aquellos que pondrán mayor valor a mis servicios como el resultado de esta práctica.

Firma.........

VE LA MILLA EXTRA

Una ética de trabajo fuerte, también conocida como el hábito de ir la milla extra, es el secreto para lograr el éxito en la vida. Ningún otro principio te llevará a tener éxito en la vida más rápidamente que este. Ir la milla extra requiere hacer trabajo sin permiso, ir más arriba y más allá de las instrucciones específicas para hacer algo, y hacerlo con una actitud positiva. Todos los empresarios más exitosos en el mundo comprenden el valor de desempeñar más servicio de lo que se te espera; posiblemente nadie mejor que Hill, quien describe cómo obtuvo su primer empleo después de escribir la siguiente carta.

Estimado General Ayers:

Sé que le agradará saber que recién he terminado un curso comercial y le he elegido a usted como mi primer empleador. Estoy dispuesto a ir a trabajar para usted bajo estas condiciones: trabajaré para usted por tres meses y le pagaré un salario por la cantidad que usted diga, con la condición de que si usted desee continuar este acuerdo al final de los tres meses, usted me pagará el mismo salario. Pero mientras tanto, usted me permitirá esperar pagarle lo que yo le debo y lo puede sustraer de lo que usted me deberá si usted continúa usando mis servicios después de los tres meses.

Sinceramente,

Napoleon Hill

Ayers contrato a Hill, quien se presentó a su trabajo temprano cada día, se quedaba hasta tarde, y se vestía excepcionalmente bien. Hill creía firmemente en la ley de rendimientos crecientes, que dice es que recibirás un rendimiento monetario en proporción mucho mayor a la cantidad de servicio que rindes. Tal como Hill lo explica: "Nadie puede llegar a ser verdadero líder en área alguna de la vida sin practicar el hábito de hacer más trabajo y mejor trabajo que para el cual le pagaron". Hill cosechó la recompensa de sus esfuerzos, porque su posición con Ayers lo estableció para obtener gran éxito en los negocios y en la vida.

El congresista de West Virginia, Jennings Randolph, también reconocía la importancia de ir la milla extra. Al final de las sesiones del Congreso, Randolph solía permanecer en sus oficinas en la capital durante el verano para que pudiera seguir sirviendo a sus constituyentes sin interrupción. Nadie esperaba que hiciera esto, y esto definitivamente no era parte de su descripción de trabajo, y tampoco recibió compensación extra monetaria por sus esfuerzos adicionales. Sin embargo, el hábito de Randolph de ir la milla extra hizo que se ganara el respeto del presidente de Capital Airlines, quién le ofreció el puesto de asistente al presidente y director de relaciones públicas. Ralph prosperó grandemente en la vida y edificó una red fuerte porque, según Hill: "Él reconocía que sea lo que hagamos a o para otra persona, lo hacemos a o para nosotros; no hay servicio útil que se pueda rendir sin su justa recompensa, aunque la recompensa posiblemente no venga de la fuente a quién se le proporcionó el servicio".

"Lo que hagamos a o para otra persona,
lo hacemos a o para nosotros mismos".

—NAPOLEON HILL

Mientras que la mayoría de la población espera promociones y aumentos para mantener el estatus quo en sus puestos, el avance requiere que rindas más servicio del que es requerido para tu nivel actual de pago. Haz el trabajo ahora y las recompensas seguirán; pero no esperes o demandes una recompensa inmediata. En la charla de 1947 llamada "Ve la Milla Extra", Hill cuenta la historia de un estudiante que decidió conseguir la recompensa de este principio por medio de pedirle a su empleador si tenía objeción a que él ayudara en el trabajo los días domingo. El empleador, por supuesto, no se opuso, pero después de cuatro domingos, este joven le envió al empleador una factura una factura de tiempo y medio por el trabajo del domingo. Él se había perdido el punto de este principio totalmente. Cuando vas la milla extra, te haces indispensable a las otras personas sin la expectativa de una recompensa financiera directa o inmediata por tus esfuerzos.

En algunas ocasiones, cómo fue la experiencia de Randolph, tu recompensa no vendrá de la fuente hacia quien has estado dirigiendo tus esfuerzos. Aun si no recibes una promoción o un aumento por tus esfuerzos extra en tu organización actual, estás creando conexiones y habilidades que se traducirán en un mejor puesto y mejor pago en algún momento, posiblemente en otra compañía o industria.

El esfuerzo honesto y diligente siempre trae recompensa. En la parábola *El hombre más rico de Babilonia*, el mercader rico y respetado, Sharru Nada recuerda cómo una lección acerca del valor del trabajo lo libró de la esclavitud y lo estableció en un camino para llegar a ser empresario. En camino a Babilonia para ser vendido a nuevos dueños, un esclavo compañero, Meggido, entusiasmadamente aboga por el valor del trabajo: "Algunos hombres lo odian, hacen de ello su enemigo. Es mejor tratarlo como un amigo, oblígate a disfrutarlo. No te molestes porque es duro. Si estás pensando en construirte una buena casa, entonces no te importa si las vigas son pesadas ni si estás muy lejos del pozo de donde traer el agua para el yeso. Prométeme, muchacho que si te dan un amo, trabajarás por él lo más duro que puedas.

Si él no aprecia todo lo que haces, no permitas que te moleste. Recuerda, el trabajo bien hecho le hace bien al hombre que lo hace. Así que, sé mejor hombre. El trabajo cultiva las cualidades de la autodisciplina, el ingenio y el autorespeto que son cruciales para mejorar la posición de uno". Cuando Sharru Nada toma el consejo de Meggido, llega a ser un hombre libre aun antes de que lo liberen de las ataduras de la esclavitud. Un día, un mercader que conoce la ética de trabajo de Sharru Nada le pregunta por qué trabaja tan duro, a lo cual él responde que el trabajo es su mejor amigo porque le está permitiendo ahorrar dinero para comprar su libertad. Eventualmente este mercader le compra a Sharru Nada su libertad y lo invita a una asociación lucrativa, la cual le permite llegar a ser un ciudadano muy respetado.

Sharru Nada se destacó no solo por su espíritu emprendedor; él gana dinero extra por medio de completar las tareas requeridas para el mediodía y luego usa el resto del día para preparar pasteles para vender en las calles de Babilonia; sino por la actitud mental positiva que exhibe mientras va más allá de lo que se espera de él en su labor servil. Tenlo por seguro: si rindes un servicio a gruña dientes, la ley de rendimientos crecientes no te recompensará por tus esfuerzos. Es para tu mejor bien no enfocarte en tus rendimientos anticipados, sino más bien disfrutar del privilegio de desempeñar un servicio útil.

Cuando sí sepas exactamente lo que quieres en la vida y hayas condicionado tu mente para desempeñar el trabajo necesario para lograrlo, llega a ser tu segunda naturaleza ir más allá de los límites en todos tus esfuerzos dirigidos hacia ese fin. Así que, es crucial que mantengas el objeto de tu objetivo principal definitivo fijo en tu mente hasta que quede permanentemente implantado allí, destruyendo la consciencia de la pobreza y los males de la postergación y reemplazándolos con una consciencia de la prosperidad e iniciativa personal.

"Siento pesar por la persona que no se pueda emocionar genuinamente por su trabajo. No solo nunca estará satisfecho, sino que nunca logrará algo que valga".

—WALTER CHRYSLER

Pequeños pasos y trabajos extra

Aunque nunca quieres conformarte y quedar contento con hacer trabajo que no sea tu objetivo principal definitivo, es importante entender que el éxito es una travesía y puede que requiera que desempeñes trabajos menores en servicio a tus metas mayores. Recuerda a Edwin Burns quien "estaba contento de comenzar en el trabajo más menial, siempre y cuando proveía una oportunidad para tomar siquiera un paso hacia su meta anhelada". Él no tomó el trabajo a nivel inicial con la condición declarada o no declarada de que si no progresaba lo suficientemente rápido según su gusto que él dejaría el empleo y buscaría otro en otra parte. Él se comprometió a comenzar en cualquier lugar y hacer cualquier cosa que se requería para llegar a ser el asociado de negocios de Edison.

Todos los planes prácticos incluyen pequeños pasos para ayudarte a llegar a donde quieres llegar. Tal como dijo Martin Luther King: "No tienes que ver la cima de las escaleras a fin de tomar el primer paso". Yo creo que el reverendo estaba hablando acerca de usar tus "ojos interiores" para dirigirte, incluso cuando no puedas físicamente ver cómo serán tus futuros pasos.

No te sientas mal por tener que pagar tus deudas a fin de ser exitoso. Mi amigo, el fallecido Zig Ziglar, probablemente fue quien lo expresó mejor cuando dijo que lo único que tienes que estar dispuesto a hacer es "pagar el precio". Pagar el precio significa hacer lo que se necesite hacer para alcanzar las metas que has hecho para tu vida. Por ejemplo, si quieres ser cirujano, necesitas descubrir temprano en la vida —o lo más pronto posible— los pasos necesarios para llegar a ser uno.

Casi todos las personas exitosas empiezan con un trabajo a un nivel más bajo. Bill Simon, quien fue el director ejecutivo de Walmart, comparte: "Mi primer empleo fue lavando platos en un restaurante a $2.10 la hora. No fue un empleo maravilloso, pero fue un excelente primer empleo". Simon cree que los trabajos que pagan poco en los comercios y negocios que proveen servicios a menudo preparan a los empleados para un empleo que pagará mejor. Antes de llegar a ser ejecutivo de Walmart, una corporación con más de dos millones de empleados y un valor neto de casi $400 mil millones, Simon tomó muchos pasos para alcanzar su puesto. Antes de dejar Walmart, el salario, las opciones de acciones y beneficios de Simon llegaban a casi $10 millones al año.

Posiblemente no llegues a tener un empleo o las responsabilidades como las de Bill Simon, o posiblemente los superes. Pero aun si no los superas, sin duda que tomarás muchos pasos desde tener un puesto de bajo nivel con bajo pago hasta un puesto más alto con mejor pago. La cosa importante que recordar es que cada empleo puede ser un paso en la dirección correcta hacia el éxito. La decisión es tuya.

Invierte el esfuerzo y el tiempo necesario a fin de progresar en tu profesión. Entiende el precio, los pasos requeridos para adquirir el puesto que deseas, y comprométete a pagar por ellos. Encuentra un empleo oportuno que te establecerá en un claro camino hacia el puesto que ultimadamente deseas. Mientras que estés en ese puesto, edifica tu red dentro, y aun fuera, de la organización por medio del hábito de desempeñar mejor servicio que aquel por el que se te está pagando. Trata tu puesto como uno que es digno de respeto; porque lo es si es un papel que te lleva un paso más cerca de tu deseo principal. Y da de tu todo en el desempeño de ese papel, sin dejar nada pendiente. Mantente al tanto de oportunidades para progresar y, con tu iniciativa personal desarrollada, tómalas inmediatamente. Permanece enfocado en tu meta, y no aceptes una posición de manera permanente que sea menos de lo que deseas. Sé agradecido por el paso hacia tu meta. Pero asegúrate de estar siempre al tanto de oportunidades para progresar en vez de siempre meramente mantenerte a flote.

"Encontré que hombres y mujeres que llegaban a la cima eran aquellos que hacían los trabajos que estaban en sus manos con todo lo que tenían de energía y entusiasmo y trabajo duro".

—HARRY S. TRUMAN

Es aconsejable también considerar cómo un trabajo extra puede contribuir a tu camino hacia el éxito. Posiblemente puedas comenzar a hacer el trabajo que quieres hacer por las noches y fines de semanas para que puedas empezar a tener experiencia en el campo. Esto no solo te permitiría aprender más acerca de la ocupación o industria, sino que también te ayudará a ganar ingresos extras si puedes encontrar una manera para hacer que tus esfuerzos sean redituables. Y aun si el trabajo extra no tenga nada que ver con tu objetivo principal definitivo, hacer trabajo extra puede ayudarte a generar riquezas más rápidamente. Ha habido muchas personas que se han dedicado a hacer trabajos extras tales como vender artículos en ebay, manejar para Uber, hacer compras para DoorDash e Instacart o servicios similares y han duplicado o triplicado sus ingresos.

Recuerda, ningún trabajo es demasiado inferior para ti. Cuando hayas fijado tu propósito principal en tu mente y tengas una actitud mental positiva, descubrirás que aun un papel aparentemente insignificante te puede propulsar por el camino hacia la grandeza.

REPASO PARA LAS RIQUEZAS

➤ Es raro encontrar atajos para riquezas estables, así que es esencial que encuentres trabajo significativo que genere suficientes ingresos para sostenerte en alcanzar tu objetivo principal definitivo.

➤ Muchas personas no tienen éxito en la vida porque aceptan el primer puesto que se les ofrece sin primero crear un objetivo definitivo o plan. Estudia tu personalidad, tus inclinaciones y tus habilidades y mídelos según tu deseo principal para determinar cuál debe ser tu trabajo de por vida, o tu llamamiento principal.

➤ Hay dos medios honestos para adquirir riquezas: proveer o un servicio o un producto que alguien está dispuesto a pagar para recibir. Pregúntate: "¿Qué es lo que la gente quiere y cómo lo puedo proveer por medio de un mejor producto, un mejor precio o un mejor servicio de una manera que los animará a regresar?"

➤ No hay límite a la cantidad de dinero que una persona puede ganar. Simplemente porque unos cuantos individuos tengan un gran porcentaje de la riqueza del mundo no significa que hay menos riquezas que otros puedan adquirir.

➤ La iniciativa personal es la clave para transformar tus ideas en acciones. Adquiere el hábito de trabajar, y usa esta autodisciplina para progresar en la vida.

➤ Ir la milla extra implica hacer trabajo sin permiso, ir más allá de lo esperado sin instrucciones explícitas y hacerlo con una actitud positiva mental. Las razones para ir la milla extra son las siguientes:

• La ley de rendimientos crecientes obra a tu favor.

• Atrae la atención favorable de las personas que pueden y de hecho proveerán oportunidad para autopromoción.

• Te hace indispensable en muchas relaciones diferentes y te permite requerir más que la compensación promedio.

• Desarrolla mayor habilidad y destreza en tu vocación escogida.

• Te protege en contra de la pérdida de empleo y te coloca en una posición para poder escoger tu propio trabajo y las condiciones de trabajo y para atraer nuevas oportunidades.

• Te permite obtener provecho por la ley del contraste, porque la mayoría de las personas no

practican el hábito, sino que hacen lo opuesto al
tratar de recibir algo por la nada.

- Causa el desarrollo de una actitud mental
  agradable.

- Fomenta una imaginación aguda y despierta.

- Cultiva el importante factor de la iniciativa
  personal y ayuda a dominar el destructivo hábito
  de la procrastinación.

- Aumenta tu confianza en ti mismo.

- Aumenta la confianza de los demás en tu
  integridad y capacidad general.

- Te ayuda a desarrollar la definición de tu
  propósito, sin la cual no puedes esperar el éxito.

➤ Nunca devalúes un puesto que pueda servirte de
trampolín hacia tu objetivo principal definitivo. El éxito
a menudo requiere que realices trabajos más pequeños al
servicio de tus objetivos mayores.

➤ Piensa en cómo un "trabajo secundario" pueda contribuir
a tu éxito, ya sea permitiéndote adquirir experiencia
en el trabajo que quieres hacer en última instancia o
ganando ingresos extra que te ayuden a crear riqueza más
rápidamente.

TU PLAN MAESTRO MILLONARIO

➤ Describe las características de tu naturaleza, inclinaciones naturales y habilidades que pueden ser relevantes en una discusión del trabajo para el cual eres más apto. Si has tomado pruebas de personalidad o de aptitud vocacional, siente la libertad de anotar los resultados aquí.

_____

_____

_____

_____

_____

➤ Basándote en los detalles que has proporcionado, ¿en qué tipo de trabajo podrías destacar y disfrutar? Sé creativo: enumera todas las ocupaciones o campos que necesitan estos rasgos y habilidades.

_____

_____

_____

_____

_____

➤ Algunas de las ocupaciones o industrias que anotaste arriba se alinean con tu objetivo principal definitivo de alguna manera? Explica, determinando cuál debería ser el trabajo de tu vida.

_____

_____

_____

_____

_____

➤ Aumenta tu iniciativa personal encontrando una cosa para hacer cada día que se debe hacer sin que nadie te diga que la hagas, sin esperar una paga. Enumera cinco cosas que puedes hacer esta semana que satisfagan estos requisitos.

_____

_____

_____

_____

_____

➤ ¿Cómo puedes ir la milla extra en tu vida personal? ¿En la vida profesional? ¿Las finanzas?

_____

_____

_____

_____

¿Qué habilidades o recursos tienes que podrías aprovechar para obtener ingresos adicionales cada mes y/o ayudarte a hacer la transición hacia el trabajo que finalmente quieres hacer? Identifica algunas posibles "actividades secundarias" que pueden ayudarte a crear riqueza a un ritmo más rápido y, posiblemente, a ganar experiencia en un nuevo oficio.

_____

_____

_____

_____

_____

CAPÍTULO 5

LA EDUCACIÓN: APRENDE PARA GANAR DINERO

Ningún hombre deja de aprender. Si tu principal
propósito en la vida supera lo que es promedio, debes seguir
aprendiendo de todas las fuentes posibles, y especialmente
donde puedas adquirir conocimientos especialmente
relacionados con tu propósito.

—Napoleon Hill, *La ciencia del éxito*

Mike Parrott, un oficial de inversiones con Hillard Lyons, una de las firmas de inversiones más antiguas, tiene un ejemplar de *Piense y hágase rico* publicado en 1937 que compró en una librería de libros usados hace muchos años. Mike solo pago $1.00 dólar por él, cuando una primera edición ahora se vende por miles de dólares. Es evidente que el dueño original del libro no se daba cuenta de su valor, tanto en términos de su valor monetario así como su valor educativo. Mike sigue leyendo *Piense y hágase rico* continuamente y sus estudios siguen pagando dividendos. Él es una de los muchas personas que se han dedicado a aprender y practicar los principios del sistema de Hill para el éxito y han incrementado mucho su potencial para generar ganancias al hacerlo.

Jim Stovall, el autor de más de 16 libros incluyendo *The Ultimate Gift*, ("El regalo máximo"), que es ahora una película con los actores James Garner y Abigail Breslin, frecuentemente escribe acerca del valor de aprender de expertos tales como Hill. Recientemente tuve una conversación con Jim, y me dijo que cuando inició su carrera, solía preguntarles a personas exitosas si habían leído *Piense y hágase rico*. Me dijo que desde entonces ha aprendido a preguntarles a las personas exitosas: "¿En qué año leíste por primera vez *Piense y hágase rico*?" Los principios del éxito de Hill son tan conocidos en derredor del mundo que casi cada persona de negocios exitosa, líder de pensamiento o icono personal conoce estos principios o atribuyen su propio éxito a la implementación eficaz de los mismos.

No es la misión de este libro tomar decisiones por ti, sino animarte a mejorar tu futuro con buenas decisiones que se hacen posibles por medio de leer, estudiar y aprender de fuentes confiables. Tienes que invertir en ti mismo si vas a llegar a ser exitoso, y la mayor inversión que llegarás a hacer es en el aprendizaje. Las personas exitosas aprenden para ganar dinero.

El valor del conocimiento aplicado

Existen dos clases principales de aprendizaje y ambas contribuyen al éxito de una persona: la educación formal como la que se obtiene por medio de instituciones educativas y la educación adquirida por medio de la experiencia y auto-instrucción. A pesar del valor que el mundo moderno le da a la educación formal, una clase de enseñanza no es inherentemente más valiosa que la otra, y de hecho muchas veces no hay mejor maestro que el de la experiencia vivida o lo que Hill llama la "universidad de la vida".

Sin embargo, en el mundo actual es más difícil obtener buenas ganancias sin una educación universitaria que en el pasado. Hace 50 años, la mayoría de los trabajos requerían de mucho trabajo físico, así que la educación formal simplemente no era necesaria para ganarse la vida. En estos días, la educación es esencial para mejorar la capacidad de ganar dinero y llevar una vida cómoda. Recuerda el Capítulo Uno donde se enumeran los cuatro usos del dinero; la oportunidad para lograr los cuatros usos se obtiene más fácilmente cuando uno tiene preparación formal.

Sin embargo, aunque la preparación formal facilita que uno gane buenos ingresos, no te promete que de hecho los vas a conseguir. La educación frecuentemente se puede ver como "energía potencial" porque se tiene que aplicar a fin de que funcione eficazmente. Cuando te gradúas de la universidad, hay una ceremonia de graduación. En inglés también llamamos esta ceremonia una ceremonia de inicio. Una educación te debe enseñar cómo pensar y cómo aplicar lo que has aprendido para ofrecer un servicio o un producto por el cual las personas están dispuestas a pagar. Al poner a trabajar las habilidades de pensamiento crítico que aprendes en la escuela, puedes satisfacer una necesidad o deseo en la carrera que has escogido. Tu educación, junto con cuánto aplicas lo que has aprendido, determinará la cantidad de éxito que obtendrás en la vida,

En *Piense y hágase rico*, Hill hace la distinción entre dos clases de conocimiento a fin de hacer resaltar la diferencia entre el conocimiento latente y el conocimiento que crea el éxito: el conocimiento general y el conocimiento especializado. Según Hill, el conocimiento general, la clase obtenida por medio de la educación formal: "es solo de poco provecho para la acumulación del dinero". El conocimiento especializado es conocimiento que es "organizado y dirigido inteligentemente por medio de planes prácticos de acción, hacia el fin definido de la acumulación de dinero". El conocimiento en sí solo es poder potencial: el latente. Está esperando activación por medio de organización en planes definidos de acción y dirección hacia un fin definido. La mejor clase de educación, entonces, es aquella que enseña a los estudiantes cómo organizar y usar el conocimiento que adquieren.

"El hombre educado no es,
necesariamente, uno que tenga una
abundancia de conocimiento general
o especializado. Un hombre educado
es uno que ha desarrollado tanto las
facultades de su mente que puede
adquirir cualquier cosa que quiera, o
su equivalente, sin violar los derechos de
otros".

—NAPOLEON HILL

Sin embargo, la mayoría de las instituciones de aprendizaje no te enseñan esta habilidad crucial. Tal como Hill lamenta: "Las escuelas y las universidades prácticamente enseñan todo menos los principios del logro individual. Requieren que los jóvenes pasen de cuatro a ocho horas dedicados a la irrealidad académica y adquirir conocimiento abstracto, pero no les enseñan qué hacer con ese conocimiento después de obtenerlo". Para suplementar la educación formal, entonces, los alumnos deben aprender a usar sus propias mentes y pensar independientemente, en vez de pasivamente aceptar y reproducir los pensamientos de otros. Deben llegar a ser sus propios maestros, adquiriendo y compartiendo la información que obtienen por medio de los estudios que hacen por su propia cuenta; especialmente acerca de cómo su mente funciona y las influencias a las que es susceptible. Deben entonces aplicar el conocimiento que han adquirido, y aumentar sus reservas, por medio de involucrarse en actividades y proyectos que proveen aprendizaje experiencial, particularmente aquellos que están conectadas con el trabajo físico.

Cuando las personas aprenden el valor del conocimiento aplicado o especializado, llegan a ser aprendedores de por vida, siempre buscando nuevas oportunidades para hacer crecer su entendimiento y ampliar su perspectiva. Hill recomienda las siguientes cinco fuentes de conocimiento:

1. Tus propias experiencias

2. Las perspectivas cosechadas de la cooperación con otros (por ejemplo, por medio de un grupo Master Mind)

3. Escuelas superiores y universidades

4. Bibliotecas públicas

5. Cursos especiales de entrenamiento

Aquí podemos agregar libros y audiolibros (sean de la biblioteca o no), videos de YouTube y podcasts. Determina qué conocimiento especializado es necesario para que logres tu propósito, y luego identifica una o más fuentes confiables de donde lo podrías obtener. Según adquieras conocimiento, asegúrate de organizarlo en planes prácticos y ponlo a trabajar.

"La sabiduría no es un producto de asistir a la escuela, sino un intento de por vida de adquirirla".

—ALBERT EINSTEIN

SÉ UN APRENDEDOR DE POR VIDA

En *Piense y hágase rico*, Hill explica que las personas exitosas "Nunca dejan de adquirir conocimiento especializado relacionado con su objetivo principal, negocio o profesión. Los que no alcanzan el éxito por lo general cometen el error de creer que el período para adquirir el conocimiento termina cuando uno completa su preparación formal. La verdad es que asistir a la escuela hace poco menos que poner a uno en el camino de aprender cómo adquirir conocimiento práctico".

Una persona cuya vida es un testamento del valor del aprendizaje de por vida es W. Clement Stone, quien sirvió como presidente de la junta directiva de la Fundación Napoleon Hill por décadas hasta su fallecimiento a la edad de 100. Stone quedó sin padre a la edad de tres años y fue criado en una casa en un sector muy problemático en el sector sur de Chicago con su madre y otros parientes. De chico, él leía las historias de la pobreza-hasta-la-riqueza que figuraban en las novelas de Horatio Alger, y eventualmente acumuló cientos de libros sobre el éxito en su biblioteca personal expansiva. Estos libros tuvieron un enorme impacto en Stone, haciendo desarrollar su creencia de que él podría lograr que sus sueños se hicieran realidad.

Cuando solo contaba con seis años de edad, Stone empezó a vender el periódico de Chicago, *The Examiner*, en las calles en su vecindario. Porque todavía era pequeño, frecuentemente los muchachos mayores lo correteaban de las esquinas donde había más movimiento, una experiencia que le enseñó acerca de la importancia de la persistencia y la disciplina. Ya para la edad de los 13 años, él era dueño de su propio puesto de periódicos.

Stone logró conseguir su diploma de la escuela de segunda enseñanza, pero las historias de éxito que leía lo animaron a seguir leyendo y aprendiendo más allá de las aulas. Stone siempre estaba buscando oportunidades para aumentar su conocimiento y ampliar su perspectiva por medio de leer libros nuevos y adquirir más contactos personales.

Aunque su amor por la lectura era bien conocido, pocos se dan cuenta de que Stone fue propietario de su propia compañía editorial. Antes de morir, Stone entregó los derechos de autor que poseía a la Fundación Napoleon Hill. Uno de los libros que Stone pasó a la fundación fue una pequeña obra por J. Martin Kohe titulada *Su extraordinario poder*. Aunque cuenta con menos de 100 páginas, es un libro muy poderoso con una lección que se tiene que aprender si deseas obtener el éxito en la vida. El mensaje es este: Cada uno de nosotros tenemos elecciones que hacer a diario, y estas elecciones se van sumando a lo largo de la vida para determinar la calidad de vida que tendremos.

"Las personas ricas tienen pequeños televisores y bibliotecas grandes, y las personas pobres tienen pequeñas bibliotecas y televisores grandes".

—ZIG ZIGLAR

Muchas personas se pasan la vida quejándose… haciendo pretextos, culpando a otros, sintiendo que la vida les ha tratado mal. Puedes pasar por la vida de tal manera, o puedes entrar en razón y reconocer que existe un poder dentro de ti que cambiará tu vida y tu futuro dramáticamente y para lo mejor. Cuando te des cuenta de este poder y lo abraces, tu vida nunca volverá a ser la misma. Podrás ver cada fracaso como una lección que se puede convertir en éxito. Podrás cambiar una vida de tristeza a una vida de gozo. Podrás cambiar una vida de monotonía a una vida de expectativas agradables. Esta decisión depende de ti y solo de ti.

Otra persona que reconoció el valor de seguirse educando fue el inversionista estadounidense Irving Kahn. Un día antes de cumplir los 107 años, Kahn dio una entrevista a *The Wall Street Journal* en la que habla de las experiencias que disfrutó durante sus 84 años de hacer inversiones. Fue estudiante de Benjamin Graham, uno de los inversionistas mejor conocidos y autor del libro publicado en 1949, *El inversor inteligente*. En la entrevista, Kahn menciona cómo lee periódicos, revistas y libros todos los días. Sin duda, si Kahn seguía estudiando a su edad, entonces todos debemos, porque la educación es un proceso de toda la vida.

Warren Buffett, uno de los hombres más ricos del mundo y uno de los inversionistas más renombrados, expresó una actitud similar en cuanto a la educaión. Cuando un adolescente de 17 años le preguntó qué necesitaba hacer para llegar a ser un gran inversionista, el "Oráculo de Omaha" contestó: "Lee todo lo que puedas. A la edad de 10 años, yo había leído todos los libros en la Biblioteca Pública de Omaha que incluían la palabra finanzas en el título; algunos de los libros ya los había leído dos veces". Los hábitos de lectura de Buffet solo se fortalecieron con la edad. Según Jeff Matthews, autor de *Pilgrimage to Warren Buffett's Omaha*, ("Peregrinaje al Omaha de Warren Buffett"), Buffett "lee literalmente miles de estados de cuenta financieras e informes cada año—como ha hecho por cada uno de los últimos 50 o más años que ha estado invirtiendo". Matthews continúa: "Amigos y conocidos a quienes se les invita compartir un jet con Buffett reportan que él charla brevemente y luego empieza a leer". Andrew Kilpatrick, autor de la masiva biografía de Buffett *Of Permanent Value* ("De valor permanente"), reportó que Buffett en una ocasión mencionó, mientras ambos estaban en un evento de firmar libros, que él tenía 50 libros en casa, esperando ser leídos.

Cada uno de nosotros tenemos elecciones que hacer a diario, y estas elecciones se suman a lo largo de la vida para determinar la calidad de vida que tendremos.

El éxito increíble de estos individuos confirma la importancia del aprendizaje continuo. Aun después de que te gradúes de la enseñanza formal debes estar leyendo y aprendiendo de expertos en tu campo, autoridades sobre el dinero y las inversiones, y otros líderes del pensamiento sobre el desarrollo personal y profesional. Según el Pew Research Center, alrededor del 25 por ciento de los adultos estadounidenses admiten que no han leído un libro en el último año. Piensa en todo el tiempo que los estadounidenses se pasan viendo la televisión, leyendo lo que hay en sus redes de medios sociales, y participando en otras actividades que disminuyen su intelecto. Si quieres superar lo promedio y vivir una vida satisfactoria, debes aprender a usar tu tiempo personal de manera constructiva. Lee un libro, toma un curso de desarrollo personal, o participa en diálogo productivo con personas que te darán una perspectiva nueva o ampliada de algo.

Recuerda, las elecciones que haces a diario, aun las cosas aparentemente insignificantes como actividades que solo entorpecen tu mente, contribuyen a determinar la calidad final de tu vida. Lo más pronto empieces a aprender, más pronto comenzarás a ganar dinero. Si quieres "ganar la buena vida", entonces la educación debe ser un proceso de toda la vida.

REPASO PARA LAS RIQUEZAS

➤ Para tener éxito necesitas invertir en ti mismo y la mayor inversión que llegarás a hacer es en el aprendizaje.

➤ Existen dos clases principales de aprendizaje: la educación formal como la que se obtiene en las instituciones educativas, y la educación que se adquiere a través de la experiencia y el autoaprendizaje.

➤ La educación es energía potencial, o poder latente, que se tiene que organizar y aplicar para que obre efectivamente.

➤ El conocimiento organizado en planes prácticos de acción dirigidos hacia un propósito definitivo se llama conocimiento especializado. El conocimiento general, por el otro lado, es el que obtenemos por medio de la enseñanza formal. El conocimiento especializado es lo que se requiere para la acumulación del dinero.

➤ La mayoría de las escuelas no enseñan las habilidades requeridas para generar riquezas. Por lo mismo, los estudiantes deben suplementar su educación formal con actividades de aprendizaje que requieren que ellos piensen independientemente, compartan su conocimiento con otros, y apliquen su conocimiento en proyectos que involucran labor práctico

➤ Las cinco más importantes fuentes de conocimiento según Hill son los siguientes:

- Tus experiencias

- Las perspectivas que obtienes de tu cooperación con otros tales como por medio de un grupo Master Mind.

- Universidades y escuelas superiores

- Bibliotecas públicas

- Cursos especiales de capacitación

➤ Otras fuentes importantes de conocimiento en el mundo moderno incluyen libros y audiolibros (sean o no de la biblioteca), videos YouTube y podcasts

➤ Simplemente porque has terminado la escuela no significa que has terminado de adquirir conocimiento. Las personas más exitosas son personas que aprenden toda la vida.

➤ Cada uno de nosotros tenemos elecciones que hacer a diario, y estas elecciones se suman a través de la vida para determinar la calidad de vida que tendremos.

TU PLAN MAESTRO MILLONARIO

➤ ¿Qué conocimiento especializado necesitas obtener para lograr tu propósito mayor máximo? ¿Qué propósito servirá este conocimiento dentro de tu plan mayor?

_____

_____

_____

_____

_____

➤ Usando la lista de fuentes de conocimiento provistas en este capítulo, determina dónde puedes obtener la clase de conocimiento que tú requieres de una manera confiable. Toma nota de que es preferible buscar fuentes que no requieran que incurras en deudas adicionales, a menos que creas que puedes pagar esa deuda con el potencial de ganancias mayores como resultado de tu educación.

_____

_____

_____

_____

_____

_____

➤ Escribe una lista de libros, programas en audio o video , cursos de desarrollo personal, y otras oportunidades de capacitación profesional que planeas investigar este año en tu esfuerzo de ser un aprendedor de toda la vida.

_____

_____

_____

_____

_____

CAPÍTULO 6

LOS AHORROS: BUENOS HÁBITOS CONDUCEN A GRANDES FUTUROS

Nadie puede tener éxito en la vida sin ahorrar dinero.
No hay excepción a esta regla , mi manera de escaparla.

—Napoleon Hill, *La ley del éxito*

Así como hacemos elecciones en cuanto a nuestro crecimiento profesional y personal, de igual manera hacemos elecciones en cuanto a cómo usar nuestros ingresos. O podemos gastar todo el dinero que ganamos o podemos ahorrar algo del dinero para el futuro. Las decisiones que tomamos en cuanto a si gastar y o ahorrar se acumulan con el tiempo y determinan si llevaremos una vida de seguridad financiera o sí viviremos perpetuamente esclavizados a sueldo.

El agricultor comprende la importancia de ahorrar porque cuando cosecha su maíz, él no se atreve a usarlo todo; tiene que guardar algo de la semilla para usarla en la primavera para que tengas otra cosecha el próximo año. Tu futuro financiero se puede comparar con la cosecha potencial del agricultor. Si no planeas para el futuro, no puedes esperar tener una cosecha en el otoño de tu vida. El dinero es igual a la semilla del agricultor: se puede gastar toda a una vez o cierta cantidad se puede ahorrar para el futuro. A menudo esta decisión se hace tanto consciente como inconscientemente. Puedes o decidir hacerte una vida o no hacer nada y permitir que otros decidan por ti la calidad de vida que tendrás. En años posteriores, puedes ser una buen ejemplo a la próxima generación porque hiciste las elecciones correctas o puedes figurar entre los millones de personas que miran hacia atrás en sus vidas y dicen: "Sí yo tan solo..." Puedes evitarte estos autoreproches posteriores al hacer las elecciones correctas ahora.

Tu ingreso es tu mejor herramienta para acumular riquezas, pero la cantidad de dinero es menos importante que tu habilidad para ahorrar. Tal como Napoleon Hill escribe: "Si un hombre sigue el hábito sistemático de ahorrar una proporción definida de todo el dinero que gana o que recibe de otras maneras, es casi seguro que se colocará en una posición de independencia financiera. Si no ahorra nada, puede estar absolutamente seguro de que nunca quedará financieramente independiente, sin importar cuántos ingresos gane. La seguridad financiera se determina más por lo que ahorras que por lo que ganas".

*La seguridad financiera se determina más por
lo que ahorras que por lo que ganas.*

PÁGATE A TI MISMO PRIMERO

Una de las primeras lecciones que llegué a aprender se trataba de ahorrar dinero. De joven me sentí impulsado a tener éxito y me podía ver como una persona rica aun antes de serlo. Yo era gerente de un pequeño despacho de préstamos para consumidores en la década de los 60 y me tocó conocer a un hombre que era varios años mayor que yo, conocido por el apodo "Bird" ("Pájaro"). Llegué a conocer a Bird así como su situación financiera. Su esposa tenía un buen trabajo como maestra de escuela, pero ellos estaban en una situación financiera mucho mejor de lo que se pudiera esperar basado en sus ingresos.

Bird me explicó que cuando le pagaban, él depositaba su cheque de pago, pero que siempre guardaba una porción del dinero para sí mismo. Dije: "Oh comprendo. Te quedas con una parte del dinero sin informar a tu esposa para gastarlo como quieras".

Bird se rió y dijo: —La mayor parte de nuestras ganancias la ponemos en una cuenta de cheques que usamos para los gastos de la casa, la hipoteca y para el fondo universitario de nuestros hijos.

Dije: —Bird, todavía no entiendo. Te pagan; te quedas con una parte del dinero y lo demás lo usas para los gastos de tu casa y gastos de vida. Así que, ¿qué sucede con el dinero que te quedas de tu cheque de pago?

—Ese es el dinero que se pone a trabajar para mí —me dijo—. Mañana te voy a traer un pequeño libro que te lo explicará mucho mejor de lo que yo te pueda explicar. Es un librito que me encontré en una librería de libros usados que solo me costó 25 centavos. El título me captó la atención, siendo que soy estudiante de historia y me gusta leer de la historia antigua.

Ese pequeño libro era *El hombre más rico de Babilonia* por George S. Clason, que se publicó por primera vez en 1926. He mencionado las parábolas del libro de Clason en capítulos previos. Enseña leyes sencillas que gobiernan la adquisición de dinero, y una ley central es "págate a ti mismo primero". En "El hombre más rico de allí Babilonia cuenta de su sistema", Arkad, el hombre más rico de Babilonia, recuerda cómo aprendió este principio por parte de su mentor Algamish, quien le dijo: "Una parte de todo lo que ganes es para que tú te lo guardes para ti mismo; no debe ser menos que la décima parte; no importa cuánto ganes. Que sea la cantidad que te puedas permitir. Págate a ti mismo primero. No compres al fabricante de ropa y al de sandalias más de lo que puedas pagar con lo que queda y aun así tener suficiente para la comida y la caridad y la penitencia a los dioses". Al pagarte a ti primero, te estás asegurando de que estás contribuyendo a tu propio bienestar financiero antes de dar dinero a otras fuentes. La cantidad no debe ser menos del 10 por ciento de tu cheque de pago y puede ser más si te lo puedes permitir.

"Detrás de prácticamente toda gran fortuna uno puede encontrar como su comienzo: un hábito de ahorro bien desarrollado".

—NAPOLEON HILL

Muchas personas no se pagan a ellos mismos primero porque erróneamente piensan que no tienen suficiente dinero para hacerlo. Ellos razonan: "Apenas tengo lo suficiente para alcanzar hasta el final del mes sin caer en deuda, así que, ¿cómo es posible que me quede solo con el 90 por ciento del dinero que llevo a casa?" Cuando empiezas a apartar la primera décima parte de tu cheque de pago para ahorrar, (y eventualmente, para invertir una vez que hayas formado un fondo de emergencias), encontrarás que puedes vivir con menos dinero. De repente tu presupuesto se sentirá más expansivo porque habrás creado el hábito de ahorrar y habrás aprendido a priorizar tu futuro sobre los placeres pasajeros. Una vez que llegues a ser intencional en cuanto a ahorrar, experimentarás un nuevo gozo de vida que te estimulará a tomar mejores decisiones con tus finanzas e identificar nuevas oportunidades para aumentar tus ingresos.

La independencia financiera comienza cuando te das cuenta de que una porción de todo lo que ganas est tuya para ahorrar. Una vez que decidas que te pagarás a ti mismo, apartando una porción de tu cheque de pago para ahorrar antes de gastar dinero en cualquier otra cosa, te habrás plantado firmemente en el camino hacia la riqueza. Ahorrar una décima parte de tus ingresos es un buen hábito que te permitirá seguir la práctica a lo largo de todos tus años de trabajar y ganar dinero. Piensa nuevamente en el ejemplo del agricultor: las ganancias que guardes se pueden comparar con las semillas que son plantadas, y entre más pronto plantes las semillas, más pronto crecerá tu riqueza. Tal como Algamish le dice a Arkad: "La riqueza, al igual que un árbol, crece de una semilla pequeña. La primera moneda de cobre que ahorras es la semilla de donde tu árbol de riqueza crecerá. Entre más pronto plantes esa semilla, más pronto crecerá el árbol. Y entre más fiel seas para nutrir y dar agua a ese árbol con ahorros consistentes, más pronto podrás disfrutar debajo de su sombra". Nunca es demasiado tarde desarrollar el hábito de ahorrar, pero cada día que lo dejes para después es otro día en que estás impidiendo que el dinero trabaje para ti.

*"No ahorres el dinero que quede después
de gastar; gasta el dinero que quede
después de ahorrar"*

—WARREN BUFFETT

AHORRA PARA IMPREVISTOS

Cuando ahorras el 10 por ciento de tus ingresos, primero te debes enfocar en un fondo de emergencias, creando un colchón entre ti y la bancarrota. Según una encuesta del año 2021 de Bankrate.com, solo el 39 por ciento de los estadounidenses contarían con lo suficiente para solventar un gasto inesperado de $1.000 dólares. Muchas de estas personas tendrían que solventarlo por medio de pedir prestado dinero o caer en deudas al usar una tarjeta de crédito para pagar esos $1.000 dólares. Los estudios indican que esta inhabilidad de cubrir gastos inesperados viene de la tendencia de los estadounidenses de comprometer todo su dinero en pagar sus deudas para cosas tales como las cuentas de los tarjetas de crédito, préstamos estudiantiles y mensualidades del auto.

Contar con solo lo suficiente para pagar los gastos básicos cada mes es algo muy peligroso si quieres vivir la "buena vida". ¿Qué sucederá la primera vez que no recibas un sueldo, posiblemente no por tu propia culpa? Por ejemplo, podrías perder tu trabajo o quedar discapacitado. ¿Qué ocurrirá cuando enfrentes una emergencia que requiera una gran cantidad de dinero, por ejemplo, un accidente de auto, un artículo electrodoméstico descompuesto o una cuenta médica? En algún momento en tu vida: "va a llover" y tú puedes estar preparado para esos "días lluviosos" por medio de ahorrar una parte de tus ganancias y dedicarlas a un fondo de

LOS AHORROS: BUENOS HÁBITOS CONDUCEN A GRANDES FUTUROS 97

ahorros designado solo para emergencias. Esta no es una cuenta de donde tomarás dinero para tus gastos normales; no es dinero para cubrir las tarjetas de crédito, vacaciones, compras de auto, o cualquier otra cosa similar. No se debe tocar salvo para casos de emergencia; pérdida de trabajo, discapacidad, o reveses financieros graves. Una vez que saques de tu fondo de emergencias, debes inmediatamente trabajar para volver a acumular lo suficiente para igualar que tu cantidad previa.

Típicamente, la cantidad que se recomienda para un fondo de emergencias debe cubrir de tres a seis meses de tus gastos de vida básicos, pero recomiendo apuntar a los seis meses. Una vez que hayas ahorrado una cantidad igual a seis meses de tus ingresos normales, tendrás lo suficiente para vivir durante el 90 por ciento de eventos no planeados sin experimentar desastre financiero. La mayor liquidez que tengas, más tiempo podrás pasar sin tener un trabajo o tener ingresos reducidos sin tener que perder tu casa, tu auto o la habilidad de pagar tus gastos diarios.

Hasta que tengas suficiente dinero ahorrado para cubrir de tres a seis meses de tus gastos, debes demorar gastar tu dinero en cosas que quieras. Espera hacer compras de artículos no esenciales hasta que hayas estructurado tu paraguas financiera para protegerte para ese día lluvioso que podría venir en cualquier minuto. Tal como Hill sugiere: "Es mejor sacrificar durante la edad de la Juventud que verte obligado a sacrificar durante la edad de la madurez, cosa que generalmente tendrán que hacer todas las personas que no hayan desarrollado el hábito de ahorrar". En otras palabras, es más difícil ahorrar cuando seas mayor, cuando probablemente tendrás menos ingresos y en qué te habrás acostumbrado a cierto estándar de vida, qué es ahorrar cuando estás en tus años de ganar más dinero. A continuación se ofrecen los consejos de de Hill para formar un hábito deseable; instrucciones que tienen una gran aplicación para cultivar el hábito de ahorrar.

LAS REGLAS DE NAPOLEON HILL PARA FORMAR UN HÁBITO DESEABLE

Primero: al inicio de la formación de un nuevo hábito, pon fuerza y entusiasmo en tu expresión. Recuerda que estás tomando los primeros pasos hacia formar un nuevo camino mental y que es mucho más difícil al principio que lo será después. Haz el camino tan claro y tan con profundo como puedas al inicio, para que puedas verlo fácilmente la siguiente vez que quieras seguirlo.

Segundo: mantén tu atención firmemente concentrado en la formación de este nuevo camino y aleja a tu mente de los caminos viejos, no sea que te sientas atraído a ellos. Olvídate de los viejos caminos, y concéntrate solo en los nuevos que estás edificando.

Tercero: transita sobre tus caminos recién hechos tantas veces puedas. Haz oportunidades para hacerlo, sin esperar que surjan por medio de la buena suerte o la casualidad. Entre más a menudo transites sobre estos caminos nuevos, más pronto llegarán a ser bien conocidos y más fácilmente transitados. Cree planes para transitar sobre estos nuevos caminos de hábitos desde el comienzo.

Cuarto: asegúrate de trazar el camino correcto como tu objetivo principal definitivo y luego sigue adelante sin temor y sin permitirte tener dudas. "Pon tu mano sobre el arado y no mires

hacia atrás". Selecciona tu meta y luego haz
caminos buenos, profundos, y anchos que te
lleven directamente hacia ella.

EL HÁBITO DE AHORRAR ATRAE OPORTUNIDADES

Una vez que adquieras el hábito de ahorrar, descubrirás que aumentarás tu capacidad de acumular riquezas; no solo por medio de tus ahorros e inversiones, sino también por medio de nuevas oportunidades que te serán disponibles como un resultado de tu buena mayordomía. Tal como Hill explica: "La formación del hábito de ahorrar no significa que limitarás tu capacidad para ganar; significa justo lo opuesto; que aplicarás esta ley no solo para conservar lo que ganas de manera sistemática, sino que también te coloca en un camino de mayor oportunidad y te da la visión, la autoconfianza, la imaginación, el entusiasmo, la iniciativa, y el liderazgo que se necesitan para aumentar tu capacidad de ahorrar". El hábito de ahorrar cultiva muchas características deseables que son necesarias para el éxito; más notablemente, el autocontrol, la perseverancia, la autoconfianza, el valor, la compostura, y la libertad del temor. Estas características te ayudarán a canalizar tu deseo en planes prácticos qué implementaras con iniciativa y persistencia. Porque la formación de hábitos constructivos atrae la obra positiva de la fuerza cósmica de los hábitos, la ley natural que dicta que las elecciones positivas, hechas repetitivamente, establecen un ritmo constructivo que te lleva por el camino al éxito a un paso más rápido.

A medida que cultives estas características positivas, otros se darán cuenta y te recompensarán por tus esfuerzos. Te confiarán con posiciones y oportunidades que requieren mayor responsabilidad.

Tal como dice Hill: "Cualquier hombre de negocios preferirá emplear a una persona que ahorra dinero regularmente, no por el mero hecho de que tal persona ahorre dinero, sino por las características poseídas por tal persona que lo hacen eficiente". Los líderes en todas las áreas de la vida no confiarán responsabilidades a otros, especialmente aquellos relacionados con el dinero, a menos que hayan demostrado la habilidad de usar su propio dinero sabiamente. Este principio está en la Biblia. Lucas 16:10 dice: "El que es fiel en lo muy poco, es fiel también en lo mucho; y el que es injusto en lo muy poco, también es injusto en lo mucho". Así que recuerda: si no puedes ahorrar una porción de todo lo que ganas, no se te puede confiar más de lo que ya se te ha dado. Si quieres aumentar tu potencial para ganar, tienes que ser un buen mayordomo de tus ingresos.

"Si no puedes ahorrar dinero,
la semilla de grandeza
no está dentro de ti".

—W. CLEMENT STONE

Una vez que comiences a acumular riquezas por medio del hábito de ahorrar, experimentarás una sensación de libertad económica. Hill lo describe de la siguiente manera: "Por medio de instarte a ti mismo y requerir de ti mismo un potencial incrementado para generar ganancias por un lado, y por medio de sistemáticamente apartar una cantidad definida de todas tus ganancias por el otro lado, pronto podrás alcanzar el punto en que habrás quitado todas las limitaciones imaginarias de tu propia mente y entonces estarás bien iniciado en el camino hacia la independencia financiera".

Aumentar tu cuenta de ahorros hará que todo en tu vida se sienta más calmado y más en control. Tus temores comenzarán a disiparse, porque reconoces que los gastos inesperados simplemente son inconveniencias pero no catástrofes totales. Podrás estar presente en tu vida y dejar de mirar el futuro nerviosamente, siempre preocupado por el siguiente obstáculo. Cosecharás más satisfacción de tu trabajo, porque estarás trabajando por placer y propósito entes de por pura necesidad. También descubrirás que tu habilidad para ahorrar se incrementará exponencialmente, conforme más oportunidades y bendiciones financieras vengan. En resumen, se te abrirá un nuevo mundo de libertad financiera que te traerá el mayor fruto del éxito: paz mental.

REPASO PARA LAS RIQUEZAS

➤ Tu dinero es como la semilla que el agricultor usa. Se puede gastar todo a la vez, o se puede guardar una parte para el futuro. Recoger una futura cosecha requiere que guardes una parte de tu semilla.

➤ Tus ingresos son la mejor herramienta para acumular riquezas, pero la cantidad monetaria no es tan importante como la habilidad para ahorrar. La seguridad financiera se determina más por lo que ahorras que por lo que ganas.

➤ La independencia financiera comienza con darte cuenta de que una porción de todo lo que ganas es tuya para guardar.

➤ Cuando recibes tu sueldo, págate a ti primero, apartando cuando menos el 10 por ciento para ahorros e inversiones antes de que destines tu dinero para otras cosas.

➤ Una extensión de la metáfora de las semillas: entre más pronto plantes las semillas de tu dinero, más pronto crecerá el árbol de la riqueza, y más pronto podrás jubilarte bajo su sombra.

➤ El primer destino para tus ahorros debe ser un fondo de emergencia suficiente para tres a seis meses de tus gastos de vida básicos. Este es tu colchón que te deja a salvo de la bancarrota a causa de gastos inesperados y solamente debe ser usado para verdaderas emergencias: la pérdida del trabajo, cuentas médicas, y otros reveses financieros.

➤ Desarrollar el hábito de ahorrar te permite cultivar otras características positivas que son esenciales para tu éxito, tales como el autocontrol, la perseverancia, la autoconfianza, el valor, la compostura, y la libertad del temor. También atraerá mayores oportunidades a tu vida, según otros te confiaran mayor responsabilidad basada en tu buena mayordomía del dinero

TU PLAN MAESTRO MILLONARIO

➤ Determina cuánto dinero necesitas ahorrar para crear un fondo de emergencia apropiado. La cantidad debe cubrir entre tres a seis meses de tus gastos de vida básicos. A fin de identificar la cantidad que necesitas, calcula lo que has gastado en los últimos tres a seis meses, dependiendo del tamaño de colchón que piensas crear. (Toma nota de que seis meses es preferible.) Esta cantidad debe dar bastante colchón, al tomar en cuenta que en situaciones de emergencia, probablemente estarías eliminando gastos innecesarios.

- Número de meses de gastos a cubrir: _____

- Total gastado en los últimos _____ meses: _____

- Meta para el fondo de emergencias:

  _____

➤ Si ahorras el 10 por ciento de tus ingresos cada mes, ¿cuántos meses requerirá para que puedas tener tu cuenta de emergencias totalmente solventada?

- Ingreso mensual : _____ × 0.10 =

  _____

- Meta para el fondo de emergencia: _____
  ÷ cantidad para ahorrar cada mes _____ =
  _____. Este es el número de meses que se requerirá para cubrir totalmente tu fondo de ahorros para emergencias.

➤ Determina tres acciones que puedes tomar esta semana para cultivar el hábito de ahorrar y comprométete a tomarlas.

  _____

  _____

  _____

  _____

  _____

  _____

CAPÍTULO 7

LOS ACTIVOS: NO TODOS SON IGUALES

Las personas ricas adquieren activos. Las personas de baja y clase media adquieren pasivos que creen que son activos.

—Robert Kiyosaki, *Padre rico, padre pobre*

Después de que hayas creado un fondo de ahorros para emergencias que pueda cubrir entre tres y seis meses de tus gastos de vida básicos, el siguiente paso es comenzar a invertir o comprar activos que, se espera, traerán beneficios de alguna clase en el futuro. El siguiente capítulo cubre los principios básicos de invertir, pero primero es importante comprender las dos maneras en que se puede interpretar un "beneficio futuro".

Mientras que algunas personas se enfocan en el placer que puedan traer compras materiales, esperando que sus activos generarán suficiente beneficio una vez que se vendan, otros invierten su dinero en activos que proveen rendimientos en la forma de ganancias de capital o pagos de ingresos. El primero puede dar la apariencia de riqueza: autos elegantes, casas lujosas, ropa elegante, pero recuerda que las apariencias pueden engañar. Si todo tu dinero está amarrado en bienes materiales, es probable que no tienes suficiente dinero que está activamente acumulando riquezas para ti y que se pueda convertir en dinero en efectivo rápidamente sin pérdidas significantes en el evento de que necesites liquidar fondos.

LAS APARIENCIAS ENGAÑAN

Henry (no es su nombre verdadero) llevaba todas las apariencias de un hombre rico. Después de vender su compañía de carbón, Henry decidió vivir la buena vida; pero aunque tenía un valor neto de poco menos de tres millones de dólares, pronto se quedó corto de fondos.

Aplicó para un préstamo bancario, pero al revisar sus estados de cuenta financieros con el oficial de préstamos, Henry descubrió que tenía un problema. Cuando operaba la compañía de carbón, Henry había tenido un ingreso excelente y vivió una vida lujosa. Entre las compras de Henry figuraban una casa que costó casi $750.000 dólares, un condominio en un campo de golf que costó casi $400.000 dólares, una casa rodante que costó casi $100.000 dólares, relojes caros, un automóvil de lujo, un barco caro. Cualquier persona que conociera a Henry hubiera pensado, basado en su estilo de vida, que él había llegado ser sumamente exitoso.

El problema de Henry era que su valor neto estaba amarrado en valores que no ganaban dinero. Permíteme explicar. Compras como tu casa principal, segundas y terceras casas, autos y joyería no proveen ingresos regulares a menos que se vendan. Desde el momento que se compran hasta el tiempo cuando se venden, tus fondos están amarrados en estos activos que se pudieron haber usado para inversiones que producen un ingreso regular. A la vez, los activos personales rara vez producen ganancias. Es más, en el evento de que un dueño se quede sin dinero y tenga que vender un activo que no genera dinero rápidamente, él o ella puede perder cantidades significativas de dinero en su inversión. Las casas pueden ser una buena inversión, pero en la situación de Henry, él construyó su casa principal de tal manera que valía dos o tres veces más del costo de una casa promedio donde él vivía, lo que por lo general no es muy bueno para el valor del mercado de una casa cuando llega el tiempo de venderla. Henry descubrió que una inversión que había hecho en el oro cuando valía más de $800 dólares había disminuido en valor a solo $400 dólares. Todas estas inversiones que no generaban ganancias de hecho valían menos de la cantidad que él había pagado por ellos.

Cuando Henry llegó a la edad en que su salud ya no le permitía trabajar y que tenía que depender de su fondo de jubilación, se vio forzado a residir en viviendas públicas. Por supuesto, Henry no había planeado que los últimos años de su vida llegaran a ser tal tragedia. No; Henry no había planeado esto para nada. Si él hubiera gastado más dinero en comprar activos que generaban ganancias y menos dinero en sus juguetes, él hubiera tenido los ingresos que tanto necesitaba ya en sus últimos años de vida.

"La razón por la que la mayoría de la gente tiene problemas financieros es porque tienen mucho dinero que sale y muy poco que entra".

—ROBERT KIYOSAKI

Floyd (también un nombre ficticio) era el socio igualitario de Henry en las minas de carbón, pero tomó una ruta muy diferente con sus finanzas. Floyd gastó alrededor de $100.000 dólares para expandir y actualizar la casa que ya tenía, que había comprado a un costo razonable. Conducía un automóvil de precio mediano. Él no exhibía grandes lujos u otras evidencias de riqueza, pero las apariencias engañan, porque él era muy rico de las maneras que más importan para la seguridad financiera.

Al principio, Floyd tomó su dinero y lo puso en el banco donde estaba asegurado y dejó algo del dinero a plazos más largos en certificados de depósito (CDs). Luego empezó a hacer preguntas y aprendió cómo organizar sus certificados, depositándolos desde términos a plazo corto a términos de plazo largo de cinco años. Cuando las tasas eran altas podía ser tentador ir a plazo largo, pero Floyd aprendió que si todo su dinero estaba invertido a largo plazo y necesitaba fondos, el recargo por sacar el dinero antes de su plazo sería enorme y podría perder una parte de su dinero. Él organizó sus certificados de tal manera que los depositaba en intervalos de seis meses hasta los cinco años. Los certificados de corto plazo requerían solamente un recargo mínimo si se sacaban antes de tiempo, lo cual le daba más liquidez. Esto significaba que él podía tener acceso al dinero fácilmente en caso de emergencia.

EL VALOR NETO SOLAMENTE CUENTA UNA HISTORIA PARCIAL

En la escuela, probablemente oíste el término "valor neto". Esa cantidad, usada en la contabilidad, es el resultado de sumar todos tus activos y restar tus pasivos. En términos sencillos, esto significa lo que posees menos lo que debes. Para calcular esta cantidad correctamente, necesitas investigar el valor corriente de tus activos, en vez de utilizar lo que pagaste por ellos. Los activos que debes considerar incluyen tu casa, automóviles, dinero en efectivo, certificados de depósito, acciones, fondos mutuos, bonos, otras inversiones, y cualquier propiedad personal que se pudiera vender por dinero. Los pasivos a considerar incluyen la cantidad que debes en tu hipoteca, los saldos que quedan en los préstamos de los autos, tus estudios, personales, etc., tus deudas en tus tarjetas de crédito y cualquier otra deuda personal. Si tienes un valor neto positivo, eso significa que tus activos son más que tus pasivos. Si, por el otro lado, tu valor neto es un número negativo, entonces tus pasivos exceden tus activos y debes más de lo que vales.

A continuación tenemos dos casos de estudios de valor neto a lo largo de 20 años. Los activos y los pasivos dicen mucho más acerca de estos dos antiguos socios, ambos contando con alrededor de dos millones de dólares después de la venta de su negocio.

Activos	Henry	Floyd
Efectivo (incluyendo CDs)	$50.000	$400.000
Acciones & Bonos	$0	$800.000
Residencia Principal	$950.000	$400.000
Segunda residencia	$400.000	Edificio de deptos. $900.000 Inmuebles para rentar
Propiedad Personal	$400.000	$100.000
Total de activos	$1.800.000	$2.600.000

Pasivos	Henry	Floyd
Hipoteca Residencia principal	$450.000	$400.000
Hipoteca Segunda residencia	$200.000	$0
Deudas personales	$150.000	$0
Total de pasivos	$800.000	$400.000

Valor neto	$1.000.000	$2,200.000

Como puedes ver, Henry puso la mayor cantidad de su dinero en activos que no generaban ganancias, incluyendo una casa demasiado cara para su estatus financiero. Sus activos que no generaban ganancias, tales como su casa de vacaciones y su propiedad personal, probablemente generarían mucho menos dinero de lo que pagó por ellos si se viera forzado a venderlos con poco aviso. Así que, aunque el valor neto de Henry era de un millón de dólares, una cantidad sana en la mayoría de los casos, la mayor cantidad estaba amarrada en activos que no le estaban generando ganancias, que explica la diferencia entre su valor neto final y el de Floyd, y además era una cantidad que no se podía convertir fácilmente en dinero efectivo cuando se fuera a necesitar. Esto obligó a Henry a vender estos activos que no le habían generado ganancias durante el transcurso de varios años, lo cual causó que experimentará un cambio dramático en su estilo de vida. Aunque antes disfrutaba de sus artículos de lujo y sus juguetes, ahora vive con una pensión muy modesta en un departamento subsidiado por el gobierno. Si pudiéramos escuchar el diálogo interno de Henry, probablemente estaría diciendo: "Si tan solo hubiera…"

Mientras que Henry se vio consumido por sus juguetes, Floyd se siguió instruyendo para que pudiera manejar sus finanzas bien y pudiera invertir en su futuro. Recuerda, tanto Henry como Floyd esencialmente comenzaron con la misma cantidad de dinero, pero sus caminos tomaron direcciones drásticamente diferentes, en base a las elecciones que hicieron con ese dinero. La lección aquí es que no todos los activos han sido creados iguales. Si gastas la mayor cantidad de tu dinero en activos que no generan ganancias, entonces no tendrás una fuente de ingresos para cuando ya no puedas recibir un sueldo. Por el otro lado, si inviertes tu dinero en activos que generan directamente ingresos, tales como acciones que pagan dividendos, bonos y certificados de depósito que pagan intereses, propiedades inmobiliarias que generan ingresos por las rentas, y propiedades intelectuales que generan cuotas de permiso, entonces puedes crear riquezas para protegerte para un día futuro cuando ya no puedas trabajar.

LA IMPORTANCIA DE UNA FUENTE DE INGRESOS

En *El hombre más rico de Babilonia*, George Clason enseña la importancia de asegurarse de tener una fuente de ingresos futuros por medio de invertir inteligentemente: "La riqueza de un hombre no depende de las monedas que porta en su bolsa, sino del ingreso que acumula; una fuente de oro que continuamente fluye a su bolsa y que siempre está a reventar. Eso es lo que todo hombre desea. Eso es lo que cada uno de ustedes desea; un ingreso que sigue llegando, sea que trabajes o viajes". Los verdaderos activos generan ingresos, asegurando y protegiendo la continuidad de la fuente dorada de riqueza que te sostendrá cuando ya no puedas, o escojas, ya no trabajar.

Robert Kiyosaki, autor de *Papá rico, Papá pobre,* cree que la razón por la cual las personas de clase media permanecen en la clase media es porque confunden los pasivos con activos y gastan su dinero en compras que absorbe el dinero en vez de generarlo. Según su definición: "un activo es algo que tiene valor, produce ingresos o los aumenta, y tiene un mercado listo". La prueba que él recomienda para determinar cuáles posesiones son activos y cuáles son pasivos es preguntarte: "Si yo dejara de trabajar, ¿qué me genera dinero y qué me quita dinero?

Para llegar a ser rico, Kiyosaki recomienda cambiar de un enfoque en el sueldo a un enfoque en el flujo de efectivo, o la dirección en la cual tu dinero se mueve. Si tu dinero principalmente está fluyendo a una cuenta, un negocio, o una inversión, entonces ese activo de hecho es una carga. Por el otro lado, si el dinero está fluyendo de una cuenta, de un negocio o una inversión, entonces el activo está produciendo riquezas y te está permitiendo llegar a ser más rico. Los rendimientos que derives de un activo tienen que ser mayores que los gastos asociados con él; así que asegúrate de pesar los costos cuando determinas la dirección en la que se está moviendo tu dinero.

"La riqueza de un hombre no está en la bolsa que lleva. Una bolsa gorda se vacía rápidamente si no hay una corriente de oro que la llene".

—GEORGE S. CLASON

Henry pensaba que su excelente cheque de pago y un gran valor neto se traducirían en seguridad financiera ya en su vejez, pero estaba equivocado. Sus supuestos activos no aumentaron en valor, ni tampoco había un mercado listo y dispuesto a pagar lo mismo que Henry había pagado por ellos originalmente. Si él hubiera diferenciado mejor entre activos y pasivos, él hubiera descubierto que su riqueza no era nada más que humo y espejos, opacando la pequeña brecha que existía entre él y la vivienda pública. No hay nada de malo con la vivienda pública para aquellos que no tengan otra alternativa, pero es un triste lugar donde vivir tus últimos días si anteriormente tu valor era de más de un millón de dólares.

Los ricos se hacen más ricos porque compran activos que generan riquezas. Estos activos trabajan para ellos para que ellos no tengan que seguir trabajando hasta que se mueran. Sus activos sirven como testamento a su sabiduría financiera y su visión a largo plazo. ¿Qué historia contarían tus activos acerca de ti y cómo manejas el dinero?

TU MAYOR ACTIVO

Más allá de los activos materiales y monetarios, existen esos activos intangibles que te seguirán dando rendimientos si los manejas bien; unos que son cruciales para tu éxito final. Si no posees estos activos, no importa cuánto dinero acumules, no te darán paz metal, y lo más probable es que tampoco retendrás el dinero que ganes.

Tu mayor activo es tu mente, el cual puede traducir tu deseo en realidad material si te enfocas en él, aplicas fe, y organizas tu conocimiento en planes prácticos de acción. Tu mentalidad dicta tu resultado en la vida. Si te ves consumido por el temor y las emociones negativas, entonces no podrás aprovechar tu deseo para crear el éxito. Si, por el otro lado, tu mentalidad se caracteriza por su precisión y autoconfianza, entonces eres rico en reservas mentales que pagarán grandes dividendos en términos de oportunidades. Napoleon Hill recomienda tomar un inventario de tus activos y pasivos mentales para determinar si tienes un valor neto mental positivo o negativo. Un valor neto positivo mental asegura que aumentarás en valor con el tiempo y que tu valor aumentado atraerá la cooperación y el apoyo de otros.

"La inversión más importante que puedes hacer es en ti mismo. Muy pocas personas consiguen algo parecido a su potencia total traducida en la potencia real de su rendimiento en la vida".

—WARREN BUFFETT

Otros activos intangibles que se pueden aprovechar para generar riquezas incluyen el tiempo y el fracaso. Toda persona, sin importar su estatus financiero, tiene la misma cantidad de tiempo en el día que la siguiente persona. Tal como dice Hill, "No importa que seas rico o pobre; tú tienes un activo tan grande como el hombre más rico vivo, y eso es el tiempo". Las personas exitosas maximizan su tiempo para poder cumplir sus objetivos dentro de sus horarios. Ellos no procrastinan ni postergan hasta mañana lo que pueden hacer hoy. No permiten que sus dudas en sí mismos impidan que tomen acción en sus sueños. Es más, no permiten que el fracaso los descarrilen del camino al éxito. Ellos reconocen que las aflicciones, vistas correctamente, son activos por su propia cuenta. Porque dentro de cada fracaso hay una semilla de oportunidad.

Para tener éxito, debes invertir en activos que generan ingresos y también debes invertir en ti mismo. Tu mente tiene la llave a la creación de grandes riquezas, así que trátala como el activo que es. Cultiva las emociones positivas de autoconfianza, fe y el deseo; desarrolla la cualidad de iniciativa personal y aprende a reformular la derrota temporal como una oportunidad para el crecimiento, y adquirirás ímpetu y propósito en tu travesía de acumular riquezas.

REPASO PARA LAS RIQUEZAS

➤ Una inversión es una compra que se espera que traerá alguna clase de beneficio en el futuro.

➤ Un activo que no es rentable es una inversión que no provee un ingreso regular hasta que se venda. Los ejemplos incluyen casas (sin incluir propiedades de renta), automóviles, joyería, y otras propiedades personales.

➤ Un activo rentable genera ingresos en forma de ganancias de capital (plusvalía) o pagos. Ejemplos incluyen acciones que pagan dividendos, bonos, y certificados de depósito que pagan intereses, propiedades de bienes raíces que generan ingresos por las rentas, y propiedad intelectual que genera derecho de licencia.

➤ Los activos rentables son preferibles en vez de activos no rentables porque estos:

- Generan un ingreso regular o aumentan en valor en vez de absorber o perder dinero.

- Por lo general pueden liquidarse fácilmente y sin pérdida financiera significante.

- Aseguran una fuente de ingresos en el futuro cuando ya no estés trabajando.

➤ Tu valor neto se determina por medio de sumar el valor actual de todos tus activos y restar tus pasivos de esa cantidad. Si tu valor neto es positivo, significa que tus activos exceden tus pasivos. Si tu valor neto es negativo, significa que tus pasivos exceden tus activos y debes más de lo que vales.

➤ El valor neto es una forma de medir útil para determinar la salud financiera, pero no cuenta toda la historia: los activos rentables son más importantes para la seguridad financiera que los activos no rentables.

➤ Evalúa la dirección del flujo de efectivo activo para determinar si una inversión es verdaderamente un activo o si más bien es un pasivo. Si por su mayor parte dinero está fluyendo a esa activo en vez de estar saliendo del activo, entonces es un pasivo que posiblemente hayas confundido con un activo.

➤ Además de activos materiales, hay activos intangibles que son cruciales para tu éxito:

- Tu mente

- Tu tiempo

- El fracaso

TU PLAN MILLONARIO MAESTRO

➤ Escribe una lista de todos tus activos. Luego analízalos según el flujo de efectivo: ¿cuáles generan ingresos y cuáles no (o peor: absorben más dinero que el que producen)? Tacha los activos que en realidad son pasivos disfrazados.

_____

_____

_____

_____

_____

_____

➤ Calcula tu valor neto por medio de sumar todos tus activos y restar tus pasivos de esa cantidad. ¿Te sorprende el número que resultó? ¿Por qué sí o por qué no?

_____

_____

_____

_____

_____

_____

➤ Si todavía no lo has hecho, identifica el valor neto que
quisieras tener dentro de 5 años... 10 años... 20 años...
y así sucesivamente.

_____

_____

_____

_____

_____

➤ Determina tres pasos que puedes tomar este año para
aumentar tu valor neto por medio de activos rentables y
comprométete a tomar estas acciones.

_____

_____

_____

_____

_____

➤ Napoleon Hill recomienda tomar un inventario de
activos y pasivos mentales para determinar si tienes un
valor neto mental positivo o negativo. Un valor neto
mental positivo asegura que aumentará en valor con el
tiempo, y tu valor aumentado atraerá la cooperación
y el apoyo de otros. Toma un inventario de tus activos
mentales y tus pasivos mentales por medio de identificar
qué características y cualidades mentales, ideas,

pensamientos y emociones aumentan tu valor; y cuáles disminuyen tu valor. ¿Tienes un valor neto mental positivo o negativo?

_____

_____

_____

_____

_____

_____

➤ Identifica 3 acciones que puedes tomar este año para aumentar tu valor neto mental, y comprométete a tomarlas.

_____

_____

_____

_____

_____

_____

CAPÍTULO 8

INVERSIONES: HAZ CRECER TU RIQUEZA COMO UN MILLONARIO

Pon cada moneda a trabajar para que reproduzca
su especie como los rebaños del campo y te ayude a
obtener ingresos, una corriente de riqueza que fluya
constantemente a tu bolsa.

—George S. Clason, *El hombre más rico de Babilonia*

Es fácil pensar: "Voy a hacer las cosas de la manera más segura y ahorrar todo mi dinero en vez de invertirlo en el mercado de valores o en algún otro medio de inversiones". Sin embargo, este es un tremendo error. Si ahorras un porcentaje de tus ingresos consistentemente, gradualmente acumularás riquezas. Sin embargo, tus ganancias serán mínimas y el poder de tus ahorros se verá disminuido por la inflación. Tal como dijo el inversionista mundialmente reconocido Warren Buffett: "Hoy las personas que tienen equivalentes de efectivo se sienten cómodos. No deben estarlo. Han optado por un terrible activo a largo plazo, uno que paga virtualmente nada y que por seguro depreciará en valor".

Con el tiempo, los precios de los bienes y servicios aumentan, que significa que el dinero que tienes ahora podrá comprar menos de estos bienes y servicios en el futuro. A fin de ganarle a la inflación y hacer crecer tu dinero más rápidamente, tienes que aprender hacer que tu dinero trabaje para ti. Tal como Arkad aconseja a sus oyentes en *El hombre más rico de Babilonia*: "Aprende a hacer que tu tesoro trabaje para ti. Conviértelo en tu esclavo. Haz que sus hijos y los hijos de sus hijos trabajen para ti". Es esencial que aprendas a invertir correctamente para que tengas seguridad financiera en el futuro.

Invertir implica comprar activos que generan ingresos por medio de ganancias de capitales o pagos. En este capítulo, cubriremos algunas de las clases más comunes de inversiones, pero primero es importante resumir una filosofía general de las inversiones:

1. Conoce tu "porqué".

2. Acepta consejo sabio, no opiniones.

3. Invierte en lo que comprendes.

4. Diversifica tus inversiones.

5. Reinvierte los dividendos.

6. Mantén el curso.

CONOCE TU "PORQUÉ"

Primero es crucial identificar y fijar en tu mente la fuerza que te impulsa detrás de tus inversiones. Pregúntate: "¿Cuál es el objetivo principal detrás de mis inversiones? ¿Para qué propósito pretendo usar estos fondos?". Como trataremos más adelante en este capítulo, las inversiones no son un medio a corto plazo para acumular riqueza rápidamente; generan dinero o aumentan en valor con el paso del tiempo. *En My Own Story* ("Mi propia historia"), el financiero estadounidense Bernard Baruch recuerda que muchas personas le pedían consejos para hacer inversiones rápidas; cosas que les generan dinero a un paso rápido y con muy poco esfuerzo por su parte. Él compara este impulso con los tiempos medievales, cuando los alquimistas perdían el tiempo buscando alguna forma mágica para convertir los metales ordinarios en oro. Porque no hay ningún método seguro para generar retornos o inversiones rápidamente y sin esfuerzo, haz planes de usar el dinero creado por tus inversiones para metas mayores, tales como tener el pago inicial para la compra de una casa, poder asistir con la educación universitaria de tus hijos, y generar suficiente capital para jubilarte. Tu "porqué" debe ser lo suficiente significante para mantenerte consistente en tus inversiones, asegurándote de que contribuirás a ellas continuamente, sin estar tentado a liquidarlas antes de que hayan madurado.

ACEPTA CONSEJO SABIO, NO OPINIONES

En el caso del inversionista común, puede ser benéfico buscar dirección en cuanto a cómo mejor manejar sus inversiones. Sin embargo, el mercado financiero se caracteriza por mucho ruido y muy poca sustancia. Es crucial pesar cualquier consejo que recibas contra los frutos de tu propia investigación para determinar por ti mismo cuál es tu mejor curso de acción.

En *El hombre más rico de Babilonia*, el inversionista rico Arkad comparte una lección dolorosa que él aprendió en cuanto a la importancia de evaluar el consejo financiero que se recibe y actuar solo en base al consejo sabio en vez de dejarse llevar por consejos mal informados. Azmur el ladrillero tiene planes de viajar a la tierra de los fenicios e invita a Arkad a unirse con él e invertir en joyas fenicias raras. Sin embargo, los fenicios engañan a Azmur, y le venden pedazos de vidrio que no valen nada en vez de las joyas que le habían prometido. Desafortunadamente, porque Azmur es un ladrillero, él no sabe lo suficiente acerca de joyas como para identificar lo falso. El resultado es que tanto Azmur como Arkad pierden el dinero que invirtieron y tienen que empezar desde cero con sus inversiones. Arkad lo resume de la siguiente manera:: "Aquel que acepta el consejo sobre sus ahorros de alguien inexperto en estos asuntos, pagará con sus ahorros para demostrar la falsedad de sus opiniones".

"El consejo es una cosa que se da libremente,
pero asegúrate de tomar solo el consejo que vale".

—GEORGE S. CLASON

Incluso los consejeros financieros profesionales pueden dar información errónea, así que tienes que asegurarte de investigar las sugerencias que te den y consultar con otros expertos para asegurarte de que sus recomendaciones son buenas. En los setentas, yo era el vicepresidente de un banco comunitario. El precio del oro estaba subiendo consistentemente en aquel entonces, y muchos de mis clientes recibieron consejo financiero de alguien de que sacaran sus fondos y compraran oro. Les dijeron que no podían perder porque se esperaba que el precio del oro llegaría a $2.000 dólares o más por onza. Sin embargo, esto resultó ser una decisión financiera insensata. El precio máximo del oro llegó a ser $875 por onza y luego bajó a como $300 por onza. En vez de estudiar la historia del precio del oro, estos clientes decidieron tomar el consejo de otra persona. Lamentablemente, fue un mal consejo. Aunque el precio del oro ahora es mucho más alto, ha tomado alrededor de 30 años para incrementar de $380 en 1990 a alrededor de $1,800 por onza ahora.

Tienes que evaluar el grado de riesgo implicado en cualquier inversión y tomar tu decisión después de recibir el consejo de expertos y también después de hacer tus propias investigaciones. A ti te toca decidir y a nadie más. Necesitas darte cuenta de que la persona que está vendiendo oro quiere vender oro porque así es cómo se gana la vida. Tu educación te debe decir que el oro que tú o cualquier otra persona compre no generará ninguna ganancia hasta que esa compra se venda. Si no compras nada más que oro con tu dinero, entonces estás tomando un riesgo y estás permitiendo que otra persona te convenza de que aumentará en valor. Es posible que sí, pero también es posible que no; y cuando necesites venderlo, posiblemente valga mucho menos que el precio que pagaste. La misma regla se aplica a otras inversiones: no tomes la palabra de otro en cuanto a la viabilidad de una inversión; tú mismo haz el trabajo y dedícate a verificar qué tan sabio es el consejo.

INVIERTE SOLO EN LO QUE COMPRENDES

Puedes evitar mucho remordimiento por tus inversiones si solo compras activos que comprendes. Si una oportunidad para invertir es demasiado compleja como para entender sus detalles, entonces no es una buena inversión para ti. No solamente te verás forzado a depender del consejo de la persona o la firma que sugirió dicha inversión, sino que también serás menos capaz de manejarla correctamente. Es más, las inversiones más complejas tienden a ser las más riesgosas. Si tu estrategia para invertir da resultados consistentemente buenos, probablemente lo estás haciendo correctamente. Tal como Warren Buffett precavió: "Ten cuidado de la actividad de inversiones que produce aplausos; las grandes movidas por lo general son recibidas con bostezos".

Cuando estés considerando en qué invertir, primero debes evaluar tu nivel de comprensión de los diferentes sectores y tipos de activos. Los primeros inversionistas en Apple, Google y Microsoft hicieron una fortuna, pero si no sabías nada o muy poco acerca de las acciones tecnológicas, podrías haber invertido fácilmente en una de las decenas de empresas tecnológicas que entraron en bancarrota.

"Solo compra lo que comprendes" es el principio más importante para inversiones recomendado por Peter Lynch, quien creó uno de los fondos mutuos más grandes en el mundo. Él admite que muchas de sus ideas de acciones lucrativas le vinieron cuando él salía a hacer compras de comestibles o bien después de tener conversaciones casuales con amigos y familia. Cuando estás cumpliendo con tu rutina diaria, refleja sobre las oportunidades de inversiones que llegan a tu mente. El rendimiento del mercado de valores es un reflejo del comportamiento del consumidor, así que como consumidor, tú ya eres experto en cuanto a qué productos y qué compañías pueden tener longevidad y crecimiento potencial. Por supuesto, no importa qué idea o inclinación tengas, tienes que hacer la investigación necesaria en cuanto a sus rendimientos posibles. Por ejemplo, hace muchos años, comí en un restaurante Cracker Barrel y quedé tan impresionado con la comida y el servicio y la ubicación que empecé a estudiar la compañía. La información del crecimiento de la compañía, sus ingresos, dividendos, precio de acciones, y ganancias están fácilmente disponibles.

Mientras estés estudiando cada acción, puedes descubrir si te permiten reinvertir los dividendos, lo cual significa que si así lo eliges, puedes permitir que tus dividendos se queden con la compañía y compras más acciones. Además, muchas compañías te permiten comprar directamente, y así te evitas pagar las comisiones de corretaje. Algunas compañías te permiten hacer compras directamente una vez que ya seas accionista. Otras compañías, tales como AT&T, te permitirán hacer tu primera compra con ellos por una pequeña cantidad y luego te permiten seguir comprando directamente. Una vez que hayas estudiado todos los factores, entonces es tu responsabilidad tomar una decisión educada.

===

"Compra una acción del mismo modo que comprarías una casa. Compréndela y que te guste tanto que te contentarías con poseerla en la ausencia de cualquier mercado".

—WARREN BUFFETT

===

En general, los valores individuales son inversiones más arriesgadas que los fondos mutuos o los fondos de índice, que mitigan el riesgo al comprar acciones en una amplia sección representativa de valores. Los fondos mutuos son colecciones gestionadas profesionalmente de una amplia gama de valores, tales como acciones y bonos.

Al estar gestionados profesionalmente, pueden incurrir en comisiones de gestión más elevadas, pero ofrecen la ventaja de un rendimiento y una diversificación cuidadosamente controlados. Los fondos indexados son carteras compuestas por acciones y bonos que pretenden reflejar el rendimiento de un índice del mercado financiero. Estas carteras pueden seguir acciones grandes de los Estados Unidos, acciones pequeñas de los Estados Unidos, acciones internacionales o bonos, o pueden seguir otros tipos de índices sectoriales, como los asociados a industrias, países o estilos de inversión específicos (por ejemplo, índices que favorecen las acciones de valor). Los fondos indexados más populares están asociados al S&P 500, como el Vanguard 500 Index Fund. Los fondos indexados suelen ser inversiones menos costosas que los fondos de inversión porque se gestionan de forma pasiva. Aunque los fondos indexados prometen una buena rentabilidad histórica, el inconveniente de utilizarlos es que, por lo general, no se puede superar el rendimiento del mercado.

Una opción intermedia entre las acciones y los fondos de inversión son los fondos cotizados (ETF), que cotizan en bolsa como las acciones, pero ofrecen la diversificación propia de los fondos mutuos, ya que se adquiere un conjunto de activos. Los fondos mutuos, a diferencia de las acciones y los ETF, fijan su precio al cierre del día de negociación. Los ETFs suelen tener comisiones más bajas que los fondos mutuos porque generalmente se gestionan de forma pasiva, y suelen tributar en el momento de su venta, y no durante el periodo de inversión, como un fondo mutuo. Sin embargo, su nivel de riesgo puede variar.

Los certificados de depósito (CD) y los bonos son opciones de menor riesgo, pero sus rendimientos son menos que los de las inversiones en el mercado. Un CD es un mecanismo de ahorro que permite ganar intereses compuestos sobre un saldo que te comprometes a no tocar durante un determinado periodo de tiempo. Puedes elegir entre un CD a corto o a largo plazo, y en cualquiera de los dos casos su tipo de ahorro superará probablemente al de las cuentas de ahorro tradicionales de alto rendimiento. Como se mencionó en un capítulo anterior, una estrategia de inversión eficiente con los CD se denomina escalonamiento, que permite mitigar el riesgo de los tipos de interés variables. Una escalera de CD se crea cuando un inversionista divide una suma en partes iguales e invierte cada parte en un CD que vence un año más tarde que el anterior. Por ejemplo, si tuvieras una inversión inicial de $20.000 dólares, podrías invertir $5.000 dólares en un CD a un año, a dos años, a tres años y a cuatro años. Cuando un CD vence, el objetivo es reinvertir el capital y los intereses ganados en un CD que vence un año más tarde que el último.

Un bono es como un préstamo hecho por un inversionista a una entidad prestataria, como un gobierno o una corporación. Si tienes un bono, mantiene la deuda de un prestatario. Los bonos establecen una fecha determinada en la que se devolverá el capital del préstamo más los intereses, que pueden ser fijos o variables según el acuerdo. Los bonos también pueden convertirse en valores cuando se negocian en el mercado, por lo que no es raro ver bonos en los grupos de activos de los fondos mutuos, los fondos de índice y los ETF. Sin embargo, existe la posibilidad de que la organización prestataria incumpla sus bonos, en cuyo caso no recibirás tu capital. Los precios de los bonos también fluctúan en función de los tipos de interés y prometen rendimientos históricos más bajos que los productos bursátiles.

A muchas personas les gusta invertir en divisas porque valoran su materialidad, aunque esta lógica ha disminuido con las monedas digitales, también llamadas criptodivisas. Sin embargo, su valor no es tan estable como a la gente le gusta creer. La moneda solo vale lo que otra persona está dispuesta a pagar por ella, lo que puede variar mucho en función de la coyuntura económica. A diferencia de las acciones, las divisas no generan dividendos, ni ganan intereses como los productos de ahorro. El valor se mantiene enteramente en el artículo, y no en el potencial de que el artículo produzca algo (como una acción, que cuenta con el crecimiento y la innovación futuros de una empresa).

"Entre más compleja sea una inversión, menos probable es que sea rentable".

—J. L. COLLINS

En el caso de las personas que tienen una suma grande que invertir, sin duda que los bienes raíces son un instrumento de inversión popular, siendo que generan rendimientos más altos en periodos más cortos que las inversiones de mercado. Las inversiones de bienes raíces implican comprar, mantener, vender y/o rentar tierra y/o propiedades físicas para ganancia propia. Con excepción de las caídas del mercado de bienes inmobiliarias, las propiedades tienden a aumentar en valor (y los mercados históricamente siempre se han recuperado), así que si posees la propiedad suficiente tiempo para permitir que aumente en valor antes de venderlo, entonces tienes un potencial más alto para obtener ganancia. Además, si compras propiedades para rentar, puedes recibir ingresos continuos por los pagos de los renteros, lo cual te puede permitir comprar todavía más propiedades y aumentar tus ganancias.

Estudia el mercado. Puedes leer y escuchar a otros, pero con toda la información que reúnas, debes ser quien determine qué riesgo quieres tomar según el objetivo de tus inversiones. A continuación ofrecemos una guía simplificada de algunas clases de inversiones.

Tipo de inversión	Definición	Pros	Contras
Acción sencilla	Una acción comprada de una compañía o una persona	• Potencial para rendimiento alto en períodos más cortos de tiempo. • Operaciones gratuitas con la mayoría de los corredores y gastos de gestión reducidos si puedes comprar directamente a la empresa • Claridad sobre el producto de inversión • Control de las ganancias y pérdidas (y, por lo tanto, de los impuestos) porque el inversionista determina el momento de la venta	• No se garantiza la rentabilidad • Riesgo de pérdida, dada la dificultad de elegir valores "ganadores" • La gestión de la cartera puede requerir mucho tiempo • Tentación de negociar basándose en la emoción

Tipo de inversión	Definición	Pros	Cons
Fondo mutuo	Un conjunto de activos gestionados activamente (acciones y bonos)	• Posibilidad de obtener altos rendimientos durante un largo periodo de tiempo • Los fondos son gestionados activamente por profesionales de la inversión	• No se garantiza la rentabilidad • Suelen tener comisiones más elevadas que los fondos indexados y los ETF • El fondo determina las ganancias y las pérdidas
Fondo índice	Un índice de activos (acciones y bonos) gestionado de forma pasiva que sigue el rendimiento de un sector	• Posibilidad de obtener altos rendimientos durante un largo periodo de tiempo • Puede que tenga comisiones de gestión más bajas que los fondos de inversión	• No se garantiza la rentabilidad • Generalmente no puede superar el crecimiento del mercado • El fondo determina las ganancias y las pérdidas
Fondo cotizado en bolsa (ETF)	Una canasta de activos (acciones y bonos) gestionada de forma pasiva que puede negociarse como las acciones	• Es posible obtener alto rendimiento durante largo periodo de tiempo • Puede ser más fácil de negociar que los fondos de inversión y los fondos indexados • Las comisiones de gestión más bajas que las de los fondos de inversión	• Rendimientos no garantizados • Potencial para más riesgos que los fondos mutuos y fondos indexados • El fondo determina las ganancias y las pérdidas • Puede haber cuotas más altas de corretaje

Tipo de inversión	Definición	Pros	Contras
Fondo del mercado monetario (diferente a una cuenta del mercado monetario)	Un tipo de fondo de inversión que invierte en instrumentos a corto plazo, como efectivo, valores equivalentes al efectivo y valores basados en deudas con plazos de vencimiento cortos	• Más liquidez • Menos riesgo	• Puede producir un rendimiento inferior al de las acciones, los fondos de índice y los fondos de inversión
Certificado de depósito (CD)	Producto de ahorro que mantiene una cantidad de dinero durante un periodo de tiempo fijo, a cambio del cual el banco emisor paga intereses sobre el saldo compuesto	• Bajo riesgo: asegurado por el gobierno federal hasta 250.000 dólares • Rendimientos fijos • Obtiene un interés compuesto • Opciones a corto y largo plazo (se puede escalonar para maximizar las ganancias)	• Sujeto a un recargo por retirada anticipada si los fondos se retiran antes de que finalice el plazo del CD • No necesariamente supera la inflación • Rentabilidad inferior a la de las inversiones en el mercado

Tipo de Inversión	Definición	Pros	Contras
Bono	Préstamo hecho por un inversionista a un prestatario (como un gobierno o una empresa)	• Los precios fluctúan menos dramáticamente que las acciones • Tiende a ser de bajo riesgo: se garantiza que se recibirá el capital más los intereses a menos que el prestatario incumpla • Suele ganar más intereses que una cuenta de ahorro de alta rentabilidad	• Los precios de los bonos caen cuando los tipos de interés suben, lo que afecta sobre todo a los bonos a largo plazo • Posibilidad de que la entidad prestataria incumpla • Pueden tener una rentabilidad inferior a la de las inversiones de mercado
Divisas	Una compra de metal, papel o moneda digital	• Suele tener una gran liquidez	• Tiende a ser arriesgado en épocas de volatilidad económica • No paga intereses ni dividendos
Bienes inmuebles	Comprar, mantener, posiblemente alquilar y potencialmente vender bienes inmuebles (propiedad física y/o terreno)	• En el caso de las propiedades de alquiler, ingresos regulares de los inquilinos • Oportunidad de obtener beneficios con el aumento del valor de la vivienda o del terreno • Diversificación	• Puede ser arriesgado si los inversionistas entran en deuda para comprar bienes raíces • Hay que tener en cuenta los costos de mantenimiento y conservación general

DIVERSIFICA TUS INVERSIONES

Una cartera diversificada de activos es la forma más segura de conseguir riqueza a largo plazo. Tal como aconseja Warren Buffett: "No pongas todos tus huevos en la misma canasta". A menos que inviertas exclusivamente en fondos mutuos, fondos de índice y fondos cotizados en bolsa (ETFs), si pones todo tu dinero en un solo instrumento de inversión (por ejemplo, acciones o bonos individuales), tu éxito depende totalmente de su rendimiento. Si equilibras tu enfoque invirtiendo en diferentes clases de activos, reducirás tu riesgo en general porque cuando el valor de algunos disminuya, el valor de otros aumentará.

"Comparte lo que tienes entre siete,
y aun entre ocho, pues no sabes qué
calamidad pueda venir sobre la tierra".

—ECLESIASTÉS 11:2

Estas palabras escritas por el rey Salomón bien podrían ser el mejor Consejo para inversiones en la historia punto y de hecho,el rey Salomón fue increíblemente exitoso con dinero. La reina de Saba comentó que todo lo que las manos de Salomón tocaban prosperaban. El consejo del Rey Salomón es bien aceptado: dividir tu dinero es importante porque aunque no elimina el riesgo, sí lo disminuye

En el extremo opuesto del espectro está Mark Twain quien supuestamente dijo: "Coloca todos tus huevos en una canasta, y luego observa las canasta". Aunque Twain hizo mucho dinero, perdió $300.000 dólares invirtiendo en una nueva imprenta, incluyendo dinero que su esposa había heredado. Twain transfirió los derechos de sus libros a su esposa antes de declarar la bancarrota. Eventualmente se recuperó financieramente por medio de dar conferencias y al seguir los consejos financieros de un amigo, pero sus problemas graves muestran la importancia de diversificar nuestras inversiones.

Las cinco clases de activos recomendadas por expertos financieros para una cartera equilibrada incluye las siguientes:

1. Acciones estadounidenses para compañías de diferentes tamaños(pequeña, mediana y gran capitalización)

2. Valores de renta fija de EE.UU. (bonos, certificados de depósito y fondos del mercado monetario)

3. Acciones extranjeras de empresas tanto de mercados desarrollados como emergentes

4. Valores de renta fija extranjeros (bonos internacionales)

5. Inversiones alternativas (por ejemplo, bienes inmuebles, divisas, objetos de colección)

Forma una cartera sólida diversificando tus inversiones en estas cinco clases de activos.

Reinvierte Dividendos

A fin de aprovechar al máximo la capacidad de creación de riqueza de las inversiones, es importante reinvertir el dinero que has ganado de ellos en vez de gastarlo. Arkad, el hombre más rico de Babilonia de las famosas parábolas de Clason, recibe este consejo crítico de su mentor Algamish. Después de que Arkad comienza a invertir, Algamish va con él para preguntarle qué ha hecho con los intereses que ha ganado con sus inversiones. Arkad le dice a Algamish que ha usado sus ganancias para disfrutar de buenos alimentos y ropa fina. Al escuchar esto, Algamish exclama: "¿Te comes los hijos de tus ahorros? Entonces, ¿cómo esperas que trabajen para ti? ¿Y cómo pueden tener hijos que también trabajarán para ti?" La lección es clara: si gastas los intereses, las ganancias de capital o dividendos que ganas, limitas la habilidad de hacer crecer tus inversiones.

Las inversiones en forma de préstamos o depósitos te permiten hacer crecer tu dinero a un ritmo más rápido por medio del uso del interés compuesto. Cuando haces esta clase de inversiones, ganas intereses no solo sobre tu capital o tu depósito original sino que también sobre los intereses que has acumulado de los periodos previos de ganancias.

Los préstamos, las cuentas de ahorro de alto rendimiento y los certificados de depósito son instrumentos de inversión que generan riqueza por medio del interés compuesto. Al elegir una de estas inversiones, es importante conocer el tipo de interés fijo; la tasa de rendimiento anual (APY), que es la cantidad que ganará en un año como resultado del interés compuesto; y la frecuencia de composición, o la regularidad con la que se agregan los intereses al principal (por ejemplo, anualmente, trimestralmente, mensualmente).

Un principio similar se aplica a las acciones si escoges reinvertir tus ganancias de capital o dividendos por medio de comprar más acciones con ellos. Cuando añades los rendimientos del mercado a tu inversión original, el valor de tu inversión aumentará y los rendimientos de la misma se acumularán a lo largo del tiempo de manera similar que al interés compuesto.

Aunque el ritmo de rendimiento en el mercado variará, históricamente, una cartera de crecimiento diversificada puede esperar una rentabilidad de aproximadamente el seis al siete por ciento anual. Durante los últimos 100 años, la rentabilidad media del mercado de valores ha sido de aproximadamente el 10 por ciento; sin embargo, los inversionistas deben que tener en cuenta la pérdida de poder adquisitivo del dos al tres porciento que se produce cada año debido a la inflación. Pero para beneficiarse de la rentabilidad media, hay que mantener las participaciones durante un largo periodo de tiempo.

MANTENTE EN CURSO

No importa en qué inviertas, si adquieres activos a lo largo de un periodo de tiempo, minimizarás tu riesgo. No debes permitir que las fluctuaciones del mercado de valores te impidan invertir y así perder las recompensas de las acciones. Desde la Gran Depresión, que comenzó en 1929 y duró básicamente diez años, ha habido al menos diez recesiones económicas en Estados Unidos. Cada vez, la economía se ha recuperado. Siempre hay un riesgo al invertir, pero es más arriesgado no invertir y confiar en que tu poder adquisitivo seguirá siendo el mismo. La historia revela que la inflación siempre afecta al poder adquisitivo, y no hay forma de vencer a la inflación sin invertir tu dinero.

Es importante recordar que hay varias razones por qué tu riesgo ahora de ninguna manera se compara con los riesgos que había con los que estaban en el mercado en 1929. Para comenzar, el gobierno sacó el dinero de la economía, empeorando la situación. El Gobierno aprendió de la experiencia y hoy, si la economía se desacelera significativamente, el Gobierno puede estimular la economía por medio de colocar más dinero en el mercado y bajar las tasas de interés. Durante la depresión, los depósitos en los bancos no estaban asegurados, y si surgía siquiera un rumor de que el banco se encontraba en problemas, entonces todos los clientes del banco corrían a la misma vez al banco, queriendo sacar todos sus fondos. Y si eso sucedía y el banco se quedaba sin dinero, los clientes eran los que se quedaban sin nada.

Y es que los bancos no contienen todo el dinero que los clientes depositan. Por ejemplo, si un pequeño banco tiene 100 millones de dólares en depósitos, esperaría tener alrededor de 90 millones en préstamos e inversiones. Esta siempre ha sido la forma principal en que los bancos hacen dinero. La tasa de préstamos e inversiones tiene que ser más de lo que paga por los depósitos.

La diferencia se llama "margen", que permite pagar los gastos de operación y los dividendos de los accionistas. Pero si se retiraran incluso 20 millones de dólares de una sola vez, se produciría un gran problema, porque el margen sería insuficiente. En tiempos normales, cuando algunos depositantes retiran fondos, otros hacen depósitos, por lo que se equilibra. Pero durante la Depresión, todos retiraban dinero y nadie lo depositaba. Hoy en día, los depositantes pueden consolarse con el hecho de que su dinero está asegurado por el gobierno federal (hasta 250.000 dólares por depositante, por banco asegurado por la FDIC, por categoría de titularidad de la cuenta), lo que significa que no tienen motivos para entrar en pánico en caso de recesión económica.

Por supuesto, las inversiones en acciones, ETFs, fondos mutuos, fondos de índice y bonos no garantizados no están garantizados por el gobierno federal. Es posible perder dinero con estas compras, pero si te comprometes con una estrategia de inversión diversificada y a largo plazo, la historia del mercado de valores indica que, en última instancia, tus ganancias siempre superarán sus pérdidas. Como ya comentamos en este capítulo, es una buena idea minimizar tu riesgo optando por fondos mutuos y fondos indexados en lugar de acciones individuales, a menos que seas un inversionista con experiencia.

Cuando surja una recesión económica —y seguramente

ocurrirá en algún momento de tu vida— es crucial que no entres en pánico y saques todo tu dinero del mercado. Parte de invertir consiste en aprender a soportar las bajas y no entusiasmarte demasiado con las altas. En muchos sentidos, el mejor enfoque para invertir es invertir sistemáticamente la misma cantidad de dinero en intervalos regulares, independientemente de lo que esté haciendo el mercado de valores. Esto se denomina promediar el costo en dólares, y es más relevante para las inversiones a largo plazo como los fondos mutuos y las acciones. Cuando se deduce automáticamente dinero de tu nómina para invertirlo en la jubilación, es una forma de promediar el costo en dólares, ya que se retira la misma cantidad en cada período de pago. También puedes "fijarla y olvidarla" con otras inversiones de mercado, ya sea programando compras automáticas o comprometiéndote a gastar una determinada cantidad de dinero en inversiones cada mes o trimestre, independientemente de la evolución del mercado. Al diversificar tus inversiones a lo largo del tiempo, en lugar de invertir una sola suma de dinero en el mercado, evitas el riesgo de comprar a un precio máximo y luego observar con agonía cómo baja el precio. Por supuesto, es probable que el precio vuelva a subir, pero si tienes una baja tolerancia al riesgo, la experiencia puede ser muy perturbadora.

"El mercado de valores está diseñado para transferir dinero del activo al paciente".
—WARREN BUFFETT

Si no le haces caso al drama creado por los flujos y reflujos del mercado, podrás beneficiarte del éxito que obtienen los que permanecen en el juego a largo plazo. Además, es poco efectivo esperar por los bajos antes de comprar acciones. Esto se denomina "promediar el valor", y esta estrategia consiste en invertir más cuando lo precios de las acciones están bajos y menos cuando están altos. Si embargo, este método es controversial porque jugar al juego de la espera puede hacer que pierdas las ganancias que se obtienen gracias a una subida continua de los precios. Es imposible predecir qué va a hacer el mercado y cuándo —incluso los inversionistas más exitosos no aciertan el 100 por ciento de las veces— por lo que una mejor estrategia de inversión a largo plazo es invertir cantidades regulares de dinero a intervalos regulares.

A la vez, no te sientas tentado a liquidar tus inversiones simplemente porque quieres usar tu dinero antes. Cuando yo trabajaba en el banco comunitario, las tasas que se pagaban sobre los depósitos eran alrededor del 8 por ciento. Sin embargo, vi a muchos clientes sacar sus fondos de sus certificados de depósito antes de tiempo y pagar un recargo equivalente a seis meses de intereses, simplemente porque querían usar su dinero para otra cosa. Cuando las personas no permiten que sus inversiones maduren, impiden la habilidad de su dinero de trabajar para ellos y crearles riqueza. Si tienes menos dinero invertido, el potencial para rendimiento y crecimiento a largo plazo igualmente es minimizado. Finalmente, comprar y vender frecuentemente causará que pierdas dinero en las tasas comerciales y los impuestos.

Es casi imposible llegar a ser millonario sin invertir. Vale repetir: cuando crees que no te estás arriesgando al ahorrar todo en vez de invertir, estás tomando el mayor riesgo de todos, que es el potencial de perder ganancias futuras. Empieza a educarte y crear una estrategia de inversiones que apoyará la realización de tu objetivo principal definitivo.

REPASO PARA LAS RIQUEZAS

➤ Ahorrar todo tu dinero en vez de invertirlo es más riesgoso que invertir, porque el poder de compra de tus ahorros se disminuirá con el paso del tiempo por la inflación.

➤ La filosofía general para invertir a continuación asegurará que tus planes financieros sean sabios:

• Conoce tu "porqué".

• Acepta consejo sabio, no opiniones.

• Invierte en lo que comprendes.

• Diversifica tus inversiones.

• Reinvierte dividendos.

• Mantente en curso.

➤ Las inversiones no son un medio de corto plazo para acumular riquezas rápidamente; generan dinero o aumentan en valor con el tiempo.

➤ Tanto asesores profesionales así como amigos bien intencionados y otros te ofrecerán sus opiniones sobre buenas inversiones. Pesa cualquier asesoría financiera que recibas contra los frutos de tus propias investigaciones para determinar el mejor curso de acción.

➤ Si una estrategia de inversiones es demasiado compleja para comprender todos sus detalles, entonces no es una buena inversión para ti.

➤ Al considerar en qué invertir, permite que los productos y las compañías con los que estás familiarizado te inspiren, pero suplementa el conocimiento de estos con la debida investigación.

➤ Las inversiones de mercado más populares son las acciones individuales, los fondos mutuos, los fondos indexados y los fondos cotizados (ETF). Las acciones individuales son inversiones más arriesgadas que los fondos de inversión, los fondos indexados y los ETF, los cuales ofrecen participaciones en una amplia gama de acciones y bonos.

➤ Las inversiones de menor riesgo y rendimiento son los certificados de depósito (CD), los bonos y los fondos del mercado monetario. Un CD es un mecanismo de ahorro que te permite ganar intereses compuestos sobre un saldo que te comprometes a dejar en el banco durante un periodo de tiempo determinado. Un bono es como un préstamo hecho por un inversionista a una entidad prestataria, como un gobierno o una corporación: cuando vence, el inversionista recibe el principal del préstamo más los intereses. Un fondo del mercado monetario mitiga parte del riesgo de un fondo de inversión tradicional, invirtiendo en activos relativamente seguros que vencen en un corto periodo de tiempo.

➤ Las divisas son una inversión arriesgada y deben constituir una parte mínima de la cartera de inversiones, si acaso, porque su valor varía mucho, dependiendo de la situación económica, y no generan dividendos ni intereses.

➤ Otro instrumento de inversión muy popular es el sector de bienes raíces, que puede generar mayores rendimientos en periodos de tiempo más cortos que las inversiones en el mercado. Sin embargo, requiere una gran suma inicial para invertir sin endeudarse.

➤ No "pongas todos tus huevos en la misma canasta". Una cartera diversificada de activos es la forma más segura de conseguir riqueza a largo plazo, y deberá incluir una saludable mezcla de lo siguiente.

- Acciones estadounidenses de empresas de distintos tamaños (de pequeña, mediana y gran capitalización)

- Valores de renta fija estadounidenses (bonos, certificados de depósito y fondos del mercado monetario)

- Acciones extranjeras de empresas de mercados desarrollados y emergentes

- Valores de renta fija extranjeros (bonos internacionales)

- Inversiones alternativas (por ejemplo, bienes inmuebles, divisas, objetos de colección

➤ Para aprovechar al máximo el potencial de creación de riqueza de las inversiones, reinvierte el dinero que ganes con ellas (ya sea a través de intereses, ganancias de capital o dividendos) en lugar de gastarlo.

➤ No permitas que las fluctuaciones del mercado te impidan invertir o te hagan retirar tu dinero antes de que haya tenido suficiente oportunidad de crecer.

Solo si permaneces en el mercado a largo plazo podrás beneficiarte del crecimiento histórico del mercado.

➤ Uno de los mejores enfoques de la inversión es el denominado "promediar el costo en dólares", que consiste en invertir sistemáticamente la misma cantidad de dinero a intervalos regulares, independientemente de lo que haga el mercado de valores. Al distribuir las inversiones a lo largo del tiempo, se evita el riesgo de comprar a un precio máximo y luego agonizar al ver caer el precio.

TU PLAN MAESTRO MILLONARIO

➤ ¿Cuál es tu "porqué" para invertir? ¿Qué aspecto de este objetivo te motivará a mantener la consistencia y la longevidad de tus inversiones? (Recuerda que debe ser un objetivo a relativamente largo plazo, como ahorrar para el pago inicial de una casa, ahorrar para la universidad de tus hijos o crear capital para la jubilación.)

_____

_____

_____

_____

_____

Calcula cuánto dinero necesitas para la jubilación. El objetivo es tener suficiente dinero ahorrado para poder vivir de los intereses y no tocar el capital, lo que significa sacar aproximadamente el cuatro por ciento de la inversión cada año durante la jubilación. Fidelity dice que hay que planificar ingresos anuales para la jubilación que sean el 80 por ciento del último salario que tengas antes de jubilarte.

Por lo tanto, para determinar cuánto necesitas ahorrar para extraer el cuatro por ciento y alcanzar esa marca del 80 por ciento, divide tus ingresos previstos posteriores a la jubilación entre 0,04. Por ejemplo, si tu salario antes de la jubilación es de 80.000 dólares, debes intentar disponer de 64.000 dólares cada año, lo que significaría que necesitas 1,6 millones de dólares ahorrados para la jubilación. El cálculo es el siguiente: $(80.000 \times 0.8) \div 0.04 = 1.600.000$.

_____

_____

_____

_____

➤ Investiga sobre los diferentes instrumentos de inversión, anotando detalles como el saldo inicial requerido, las comisiones de gestión, la rentabilidad anual prevista y el rendimiento a lo largo del tiempo. Basado en tus investigaciones, haz un plan para invertir en al menos un activo este año (después de haber creado tu fondo de emergencia).

_____

_____

_____

_____

➤ Haz un plan, ya sea con o sin la ayuda de un asesor financiero, para crear una cartera diversificada. ¿Qué tipos de activos incluirás?

_____

_____

_____

CAPÍTULO 9

EL SERVICIO: LA LLAVE DORADA PARA CREAR RIQUEZA

No solo de pan vivirá el hombre.
Hacer dinero, la acumulación del poder material,
no es todo lo que hay en la vida. La vida es algo
más importante que eso, y el hombre que no se da
cuenta de esta verdad se pierde del mayor gozo y la
mayor satisfacción que puede haber en la vida; el
servicio a otros.

—Edward Bok, *The Americanization of Edward Bok*

Nuestras vidas pasan por tres etapas: la primera es aprender, la segunda es ganar dinero, y la tercera es compartir. La tercera etapa debe ser la mejor etapa de tu vida; es la plataforma en la cual solidificadas tu legado. Por supuesto, no debes esperar hasta que hayas alcanzado tus objetivos financieros antes de crear tu legado. El servicio debe ser un elemento fundamental de tu

145

plan maestro millonario a lo largo de las etapas de tu travesía hacia el éxito.

En *A View from the Top* ("Una perspectiva desde la cumbre"), Zig Ziglar enseña que el secreto de mover del éxito hacia la significancia es maximizar los dones y potencial que tienes a fin de lograr los objetivos que mejoran las vidas de otros. Tal como él escribe: "La significancia incluye una dimensión espiritual, y una dimensión espiritual siempre implica cuidar y tener interés en el bienestar de otra persona". Aunque la sociedad tiende a enfocarse mucho en sí misma; cada uno está interesado en cómo su propia persona puede salir adelante, frecuentemente a costa de otra persona; la única manera de alcanzar la verdadera felicidad y paz mental es por medio de vivir la regla de oro: "En todo traten ustedes a los demás tal y como quieren que ellos los traten a ustedes". Encuentra felicidad y propósito en ayudar a otros, y encontrarás los frutos del éxito a lo largo de tu vida, incluso mientras que estés persiguiendo la máxima visión de éxito que hayas establecido para ti mismo.

"Qué maravilloso es que nadie tenga
que esperar un solo momento antes de
empezar a mejorar el mundo".

—ANNE FRANK

EL CORAZÓN DE TU OBJETIVO PRINCIPAL DEFINITIVO

La manera más segura de seguir siendo pobre es obsesionarte con llegar a ser rico. Aunque crear riqueza puede ser una parte central de tu objetivo principal definitivo, no debe ser un fin en sí. Las personas más ricas y exitosas no se enfocan exclusivamente en obtener ganancias; se enfocan en el valor que están creando. Como Jim Stovall comparte en el libro que escribimos juntos, *The Gift of Giving* ("El don de dar"): "Las oportunidades para servir y las oportunidades para tener éxito son una y la misma; si las ves correctamente. Si te enfocas en dar de ti mismo ahora, de las maneras que puedas, sea en algo grande o pequeño, descubrirás la verdadera riqueza que está en tu interior. Y si compartes tus dones con suficiente poder, dedicación, y persistencia, es poco probable que el éxito material esté muy lejos".

---

*"El único significado de la vida es
servir a la humanidad".*

—LEO TOLSTOY

Ha sido mi propósito en la vida ayudar a otros mejorar sus circunstancias por medio de la educación. Esta orientación hacia el servicio no solo ha enriquecido mi vida, sino que también ha sido responsable por mis propios logros profesionales y financieros. De hecho, mucho de mi éxito en la industria bancaria viene de operar dentro de un marco de servicio. Cuando fui presidente de un banco comunitario, era mi responsabilidad contactarme con nuestros clientes que estaban dejando de pagar sus hipotecas.

La mayoría de las personas en este papel toman un enfoque muy duro en tal tarea, amenazando quitar casas y pertenencias si las personas siguen sin pagar sus deudas. Sin embargo, yo adopté una posición diferente: vi como mi responsabilidad ayudarles a resolver sus problemas mientras que a la vez yo ayudaba así al banco a resolver sus problemas. El banco necesitaba que sus clientes pagaran sus préstamos, y los clientes necesitaban evitar el embargo. Me di cuenta de que yo podía satisfacer a ambas partes si los que habían dejado de pagar pudieran reunir el dinero requerido para hacer un pago parcial sobre su hipoteca. Una porción del dinero era mejor que nada del dinero porque impedía que las personas perdieran sus casas e impedía que el banco perdiera una gran cantidad de dinero en una ejecución hipotecaria. Durante todo mi tiempo en la industria banquera, nunca me encargué de que alguien perdiera su hogar. Además, vendí todas las 35 casas que habían sufrido una ejecución hipotecaria antes de mi tiempo en el banco; muchas veces a los dueños originales. Al enfocarme en agregarle valor a otros en vez de solo llegar a ser un banquero rico, facilité a la compañía y a la comunidad a prosperar, a la misma atrayendo riquezas a mi propia vida.

He seguido con esta tradición en mi papel como Director Ejecutivo y presidente de la Fundación Napoleon Hill, una organización dedicada a compartir los principios para el éxito de Hill para que las personas puedan mejorar sus vidas y compartir sus dones con sus comunidades. La organización tiene éxito cuando estamos empoderando a las personas a cambiar sus vidas por medio de la información y la acción. Por medio de nuestros muchos productos educativos, becas, programas de alcance y oportunidades para obtener licencias, equipamos a las personas dentro de la Comunidad de Wise, la nación y el mundo para crear y vivir sus legados. Tal como ayudamos a las personas a descubrir, no tienes que nacer con los privilegios naturales para tener éxito en la vida, simplemente necesitas aprovechar el poder de tus pensamientos y alinearlos con acciones con propósito, apoyado por la cooperación de las personas que piensan igual a fin de obtener tu deseo ardiente. Este ultimo.es importante: Se puede obtener la cooperación de otros más fácilmente por medio de un enfoque en enriquecer las vidas de otros. Una vez que agregues valor a otros, es más probable que ellos te apoyen en tus objetivos.

A fin de asegurarte de que tu deseo siempre esté firmemente anclado en un espíritu de servicio, Hill provee el siguiente credo. Adopta este como tu guía para interactuar con otros y en las transacciones de negocios.

EL CÓDIGO DE ÉTICA DE NAPOLEON HILL.

Deseo servirles a mis prójimos mientras navegue en esta vida. Para hacer esto, he adoptado este credo como una guía a seguir al tratar con mis prójimos:

Capacitarme para que nunca, en ninguna circunstancia, encuentre culpas en otras personas, no importa cuánto esté en desacuerdo con él o qué tan inferior pueda ser su trabajo, mientras que yo sepa que él sinceramente estaba tratando de hacer su mejor.

Respetar a mi país, mi profesión, y a mí mismo. Ser honesto y justo con mi prójimo de la misma manera en que yo espero que ellos sean honestos y justos conmigo. Ser un ciudadano leal a mi país. Hablar de mi país con alabanza, y siempre actuar como un custodio digno de su buen nombre. Ser una persona cuyo nombre lleva peso dondequiera que vaya.

Basar mis expectativas de recompensa en un fundamento sólido de servicio rendido. Estar dispuesto a pagar el precio del éxito en un esfuerzo honesto. Mirar mi trabajo como una oportunidad que tomar con gozo y aprovechar a lo máximo, no como algo doloroso y aburrido y renuentemente aguantar.

Recordar que el éxito reside dentro de mí mismo; en mi propio cerebro. Esperar dificultades y forzarme a salir adelante en medio de ellos.

Evitar la postergación en todas sus formas, y nunca en ninguna circunstancia, postergar hasta mañana cualquier deber que deba desempeñar hoy.

Finalmente, aprovechar bien las alegrías de la vida, para que pueda ser cortés a los hombres, leal a mis amigos y fiel a Dios.

LA GENEROSIDAD ES EL SECRETO A LA MENTALIDAD DE ABUNDANCIA

Prosperamos financieramente cuando mantenemos una mentalidad de abundancia. La manera más consistente de lograr esta mentalidad es a través de dar. Es imposible no ser optimista cuando estás aportando valor a la vida de los demás. Este valor no tiene por qué ser monetario. También podemos compartir los dones de nuestro tiempo y/o talento con los demás. John D. Rockefeller tenía la idea correcta: "Dar es el secreto para una vida sana. No necesariamente dinero, sino cualquier cosa que una persona tenga para dar de estímulo, simpatía y comprensión". Por supuesto, es una gran bendición poder compartir tu riqueza con los demás, pero es una bendición aun mayor compartirte a ti mismo con los demás.

"Es literalmente cierto que puedes tener éxito mayor y más rápido ayudando a otros a tener éxito".

—NAPOLEON HILL

Cuando operas con un espíritu de generosidad, vences los temores que te impiden alcanzar tus objetivos y disfrutar de la vida. La generosidad nos inspira a ver lo mejor de los demás y de nosotros mismos, dándonos la confianza y la fe en los demás que necesitamos para llevar a cabo nuestros sueños. Es imposible operar con miedo y fe simultáneamente; y el optimismo, el subproducto de la generosidad, es el secreto para mantener una mentalidad de fe. Al darnos a nosotros mismos, acumulamos una gran cantidad de emociones positivas y creamos una red de asociaciones que alimentan nuestros logros en todas las áreas de la vida. Es raro conocer a una persona con éxito perdurable que se centre exclusivamente en su propio progreso y aun más raro encontrar a alguien que se centre en su propio éxito a costa de los demás.

Dar también es la clave para superar el fracaso. Puede parecer contrario a la lógica pensar que cuando uno se encuentra con una derrota temporal, debe buscar formas de dar. Sin embargo, ese es en realidad el momento perfecto para buscar formas de agregar valor. Al proporcionar servicio útil a los otros, cambias tu enfoque de la derrota al éxito; de los aspectos negativos de la vida a las muchas bendiciones que ya estás disfrutando. Esta consciencia del éxito atraerá mayores oportunidades a tu vida, permitiéndote transformar el fracaso en posibilidad. La ley de los rendimientos crecientes se aplica aquí: al depositar la bondad y el servicio en la vida de los demás, te aseguras de que lo mismo volverá a ti, pero magnificado. Invierte en tu futuro manteniendo una filosofía de servicio, y cosecharás recompensas espirituales y emocionales que valen mucho más que las riquezas materiales, aunque es probable que éstas también sigan.

Por último, el servicio es la única manera de mantener la motivación al perseguir tu objetivo principal definido. Dar condiciona nuestra personalidad y nuestro carácter, mejorando nuestra iniciativa y persistencia. Sonríe de buena gana, ríe con ganas y vive con vigor e intención: éste es el secreto para seguir apasionado por tu deseo principal y continuar trabajando, incluso cuando parezca que te has estancado y no estás haciendo ningún progreso. Esos momentos son los que nos invitan a profundizar y a encontrar formas adicionales de darnos a nosotros mismos, con una disposición alegre. Al hacerlo, sembramos las semillas para nuestro éxito, a la vez que disfrutamos de la cosecha en el presente.

Si aprendes cosa alguna de este libro, que sea que el éxito es más una mentalidad que un destino. Crear riqueza es un objetivo valioso, si se orienta hacia el crecimiento y el servicio. Pero el mayor logro de todos es alcanzar la paz mental que solo puede proporcionar el dar.

REPASO PARA LAS RIQUEZAS

➤ El servicio debe ser un elemento fundamental de tu plan maestro millonario a lo largo de todas las etapas de tu travesía hacia el éxito.

➤ Encontrar alegría y propósito en ayudar a los otros te permitirá disfrutar de los frutos del éxito a lo largo de tu vida, incluso mientras sigas persiguiendo tu visión final de éxito.

➤ La forma más segura de seguir siendo pobre es la de estar obsesionado con hacerse rico. Aunque la creación de riqueza puede ser una parte central de tu objetivo principal definido, no debe ser un fin en sí.

➤ Las personas más ricas y con más éxito no se enfocan exclusivamente en las ganancias; se enfocan en el valor que están creando.

➤ La generosidad es el secreto de una mentalidad de abundancia. Al compartir nuestro tiempo, dinero y/o talento con los demás, cultivamos un espíritu de optimismo que atrae oportunidades a nuestra vida, vence los temores que nos impiden alcanzar nuestros objetivos y fortalece nuestra capacidad de resistencia frente a la adversidad.

➤ El éxito es más una mentalidad que un destino.

TU PLAN MAESTRO MILLONARIO

➤ ¿Cómo está arraigado tu objetivo principal definitivo en un espíritu de servicio? Si no lo está, ¿cómo puedes reformularlo?

_____

_____

_____

_____

➤ ¿Cómo puedes compartir tu tiempo, tu tesoro y/o tu talento para mejorar la vida de los demás?

_____

_____

_____

_____

➤ Haz un plan para prestar un servicio a alguien, sin expectativa de recibir algo, esta misma semana.

_____

_____

_____

_____

➤ ¿Qué es la lección más valiosa que aprendiste de este libro? ¿Cómo convertirás esa lección en acción?

_____

_____

_____

_____

ADDITIONAL FREE RESOURCES
at soundwisdom.com/naphill

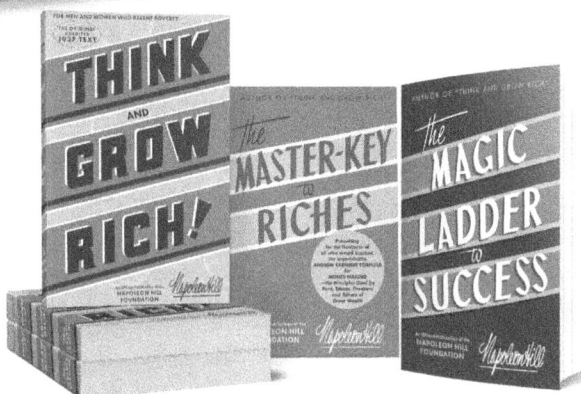

An official publication of the Napoleon Hill Foundation

GET YOUR COPY TODAY!
Available Everywhere Books Are Sold

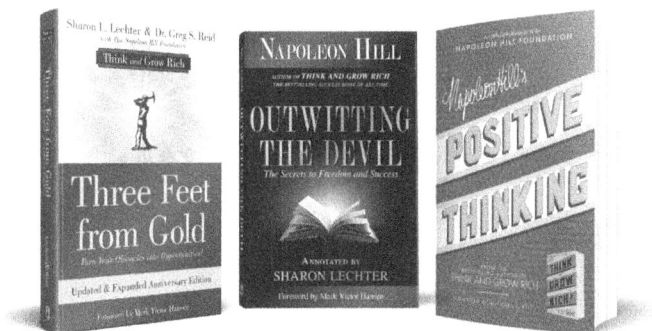

soundwisdom

ADDITIONAL TITLES FROM THE NAPOLEON HILL FOUNDATION

Freedom from Your Fears

Gift of Giving

Law of Success

Magic Ladder to Success

Master-Key to Riches

Napoleon Hill's Action Activities for Health, Wealth and Happiness

Napoleon Hill's Gold Standard

Napoleon Hill's Greatest Speeches

Napoleon Hill's Keys to Personal Achievement

Napoleon Hill's Life Lessons

Napoleon Hill's Positive Thinking

Napoleon Hill's Power of Positive Action

Napoleon Hill's Self-Confidence Formula

Napoleon Hill's Success Principles Rediscovered

Outwitting the Devil

Success and Something Greater

Think and Grow Rich

Think and Grow Rich: The Legacy

Three Feet from Gold

The Law of Success

soundwisdom
soundwisdom.com/naphill

www.ingramcontent.com/pod-product-compliance
Lightning Source LLC
LaVergne TN
LVHW051348080426
835509LV00020BA/3335